ちくま新書

地下鉄は誰のものか

猪瀬直樹
Inose Naoki

891

地下鉄は誰のものか【目次】

はじめに

†東京の地下鉄は世界一の混雑

東京都の人口は一三〇〇万人である。日本の人口一億三〇〇〇万人の一割に当たる。会社や学校へ通う人たちを加えた昼間人口はさらに三〇〇万人多い。

首都圏（東京都・神奈川県・埼玉県・千葉県）には三五〇〇万人が居住している。地下鉄の「輸送人員」はじつに八六六万人ある。たった一日で！　もっとも、この数字は路線ごとに集計してあるから、電車を一度でも乗り換えると一人が二人にカウントされているのだが、それにしても大東京の動脈として絶大な役割を負っていることがおわかりだろう。

東京の地下鉄の乗客数は世界第一位なのだ。第二位のモスクワは七〇五万人、第三位のソウルは五九一万人、第四位のニューヨーク四四五万人、第五位の北京四一一万人、以下、パリ、メキシコシティ、上海、ロンドン、マドリッドの順である。名だたる都市のなかで東京の地下鉄は際立っている。

したがって地下鉄の混雑率もすごい。朝の通勤時間帯では東西線は二〇〇%近い。混雑率一〇〇%とは、全員が座席に座っているだけでなく吊り革かドア付近の柱に一人ずつ立ってつかまっている状態と定義されている。一五〇%では「広げて楽に新聞を読める」、二〇〇%では「折りたたむなど無理をすれば新聞を読める」と国土交通省のウェブサイトは説明しているが、実感とは違う。しかも混雑率にはトリックがあって、二〇〇%とはあくまでも最混雑時間帯一時間の平均値であって、瞬間的には二五〇%を超えているはずなのだ。

二五〇%とはどういう状態か。東西線の利用者なら体験しているから説明しなくてもおわかりだろうが、ぎゅうぎゅう詰めの状態である。新聞どころか週刊誌も読めない。携帯電話の画面を顔に押しつけるようにして見られたらよいほうで、ぼんやりしていて鞄を引っ張ったりすると痴漢と間違えられるとか、そんなくだらないことまで気にしなければいけない。人間ではなく荷物として積まれたと思うほかない。

東京の地下鉄は二つの事業体によって運営されている。そのためとんでもない不便を強いられているのは利用者、つまり通勤・通学のお客さん、我われなのである。

二つの事業体とは、一つは旧営団地下鉄でいまは東京メトロと呼ばれる東京地下鉄株式会社、一つは都営地下鉄で東京都交通局が運営している。東京メトロは九路線（銀座線、丸ノ内線、日比谷線、東西線、千代田線、有楽町線、半蔵門線、南北線、副都心線）、都営地下鉄は四路線（浅草線、三田線、新宿線、大江戸線）、あわせて一三路線ある。二つの事業体を一つに統合、つまり一元化できないか、できればどれだけ利便性が向上するかが本書で最も言いたいことである。安全性や防災の観点からも、高齢者や障害者の立場からも、利用者本位の交通政策を考えなければならない。

懇切丁寧に一つ一つ例をあげながら、解決策を見つけていきたい。解決策とはすなわち改革である。そのためには通勤苦の現状をよしとする既得権益者との戦いが必要であり、利用者自身もいまどんな不合理にさらされているか、よく知らなければいけないし、声をあげなければ改革は実現しないだろう。

†東京メトロは「国立」

二〇一〇年一一月二日付の朝日新聞に「運賃下がり乗り換え自由に」のタイトルで、僕はつぎのように答えている（聞き手＝尾沢智史記者）。

一言で言えば、同じ地下鉄なのになぜ乗り換えで苦労しなきゃいけないの、ということですよ。しかも乗り継ぐと運賃も余計に取られる。

例えば九段下駅の都営新宿線と東京メトロ半蔵門線のホームは、壁一枚で隔てられているだけ。なのに、上階まで上がって改札を二度も通らなければ乗り換えられない。壁を取り払えばすごく便利になるが、現状ではできない。メトロ南北線と都営三田線の白金高輪―目黒間は同じ線路を走っているので改札なしで乗り換えられるが、あれは非常に特殊な例外。地下鉄全体では無数の乗り換えケースが出るので、都営とメトロが分かれたまま乗り換えの改札をすべて取り払うのは不可能です。

メトロと都営は運賃体系が違う。初乗りも都営の方が一〇円高いし、乗車距離による運賃の上がり方も都営の方が大きい。自由に乗り換えできるようにするには、経営統合で運賃をメトロに一本化する必要がある。

いまメトロはもうけすぎている。東京の地下鉄の新線建設は副都心線で終わった。維持修繕や改良の必要は残るが、経常利益は七〇〇億円に上る。債務もあと五、六年で返せる計算だ。すでに約二一〇〇億円ある剰余金は、五年前から一〇倍近くに膨れ上がった。超優良会社なんです。その収益が利用者に還元されず、全然違う用途に使われている。地下鉄事業と関係のない不動産を一等地に持っていて、子会社がオフィスビル賃貸やゴルフ練習場運営をやっている。子会社一二社の役員四一人のうち、三九人がメトロ本体からの天下りです。メトロは給与も高い。JRや都営、東京の大手私鉄各社と比べて平均給与が一番高いんです。

そもそもメトロは、JRや大手私鉄とは本質的に違う。前身の営団地下鉄時代から国と東京都が二七〇〇億円ずつ補助金を支出していて、非常に公的な性格が強い。路線の大半が山手線の内側という金城湯池（きんじょうとうち）を走っているという点で、特権的な地位を独占している。株式会社になってもメトロは本質的に「国立」で、東京急行や京浜急行のような「私立」ではない。「国立」のメトロと、同じく公的な性格の都営地下鉄を一元化するのは、ごく自然な話ですよ。

今のメトロは、社長や役員の多くが国土交通省からの天下り。都からも副社長や常務に天下っている。経営陣に利用者の意見をくみ取る人が誰もいない。統合後は「国立」的な体質を変え、公的な利益を代弁しながら、体質は「私立」であるような会社にしなくちゃいけない。（中略）

一九五八年に東京都が地下鉄の免許を得た時、当時の国の審議会の答申には、経営主体が二つになっても運賃は同一経営主体の地下鉄を利用する場合と同様にすべきだと明記されていた。メトロと都営は同一経営のようであるべきだという方針だったんです。新線の建設も終わり、課題のほとんどは解決できた。最後に残った宿題が一元化。東京地下鉄株式会社法では、早期にメトロ株を上場して完全民営化することになっている。そうなれば一元化の機会は永遠に失われる。都営も黒字化した今こそ、最高のタイミングなんです。

なにが問題なのか。乗り換えの苦労、運賃体系の違い、東京メトロの儲け過ぎの現状、天下りの特権、利用者の声を代弁する者がいない構造、新線建設の設備投資が終わったあとにすべきこととはなにか、都営は単年度黒字を出すまでに成長しているがすでにメトロ単独の民営化が法律で決まってしまっていることなど。一元化を阻む壁は少なくないが、それらを一つ一つ取り払うための処方箋を示すことにしよう。

第１章
九段下駅ホームの壁

我われ利用者は、最短距離で目的地に行こうと考える。当然、最短距離ならば運賃もまた最安でなければいけない。距離に応じて運賃が設定されているはずだから。

ところが東京には二つの地下鉄事業体があることで、こうした合理的な選択が阻まれている。利用者にとっては理不尽な話である。

†なぜ最短距離を選べないのか

メトロから都営に乗り換えると、メトロの初乗り一六〇円に、都営の初乗り一七〇円が加えられ三三〇円になるところ、実際には二六〇円の運賃となる。メトロと都営の双方で計七〇円を負担し合い、いちおう割引というかたちをとってはいるのだ。それでも一〇〇円ほど余計に払うことには変わりない。

この割引すら不完全なもので、もう一度乗り換えると、つまりメトロ—都営—メトロ、あるいは都営—メトロ—都営と乗り継いだ場合、割引はない。一六〇円＋一七〇円＝三三〇円のところ二六〇円にはなるが、二度目の乗り継ぎではメトロなら一六〇円、都営なら一七〇円がそのまま加算されて、四二〇円ないしは四三〇円になってしまう。

よくもこんな不合理なシステムが放置されているものだ。よくも誰もが文句を言わなか

運賃共通化により利便性が向上する事例

図表① 護国寺→上野御徒町

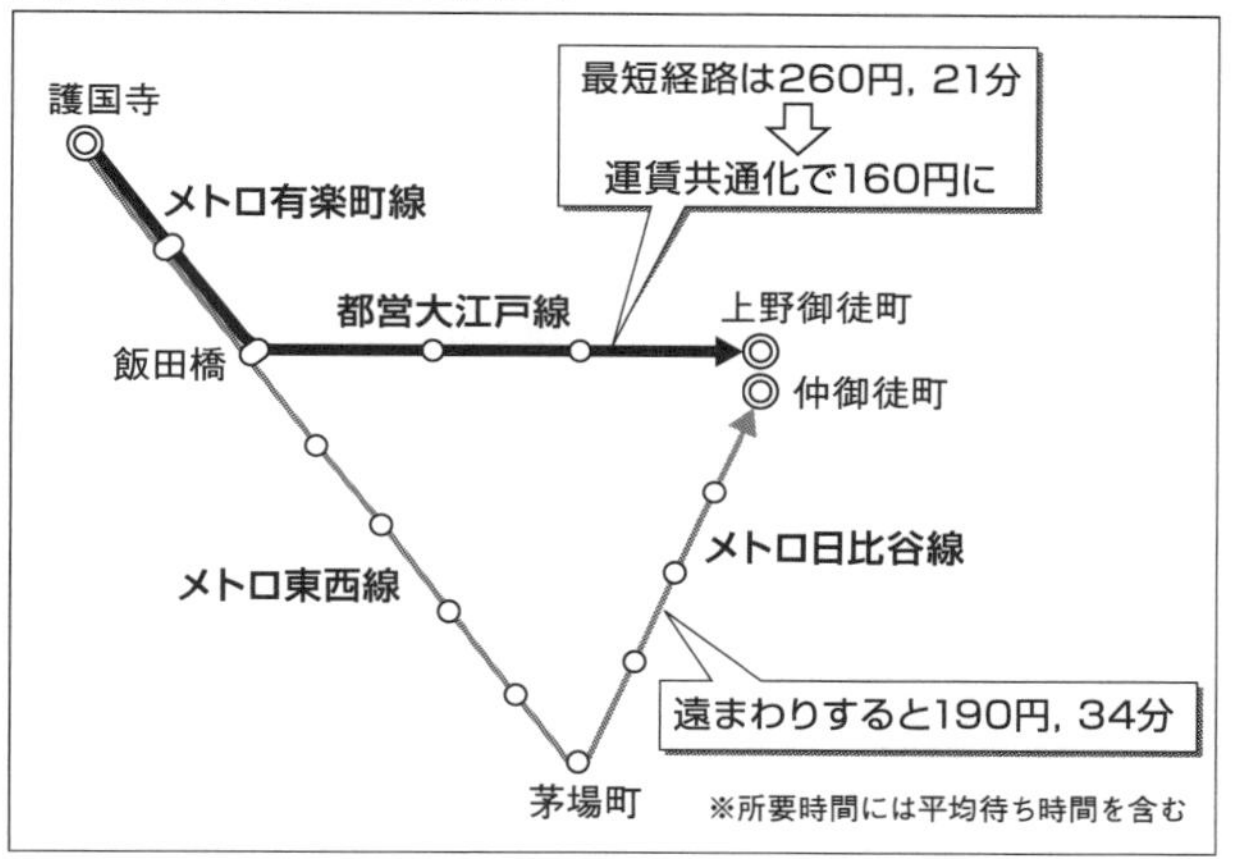

図表② 浦安→月島

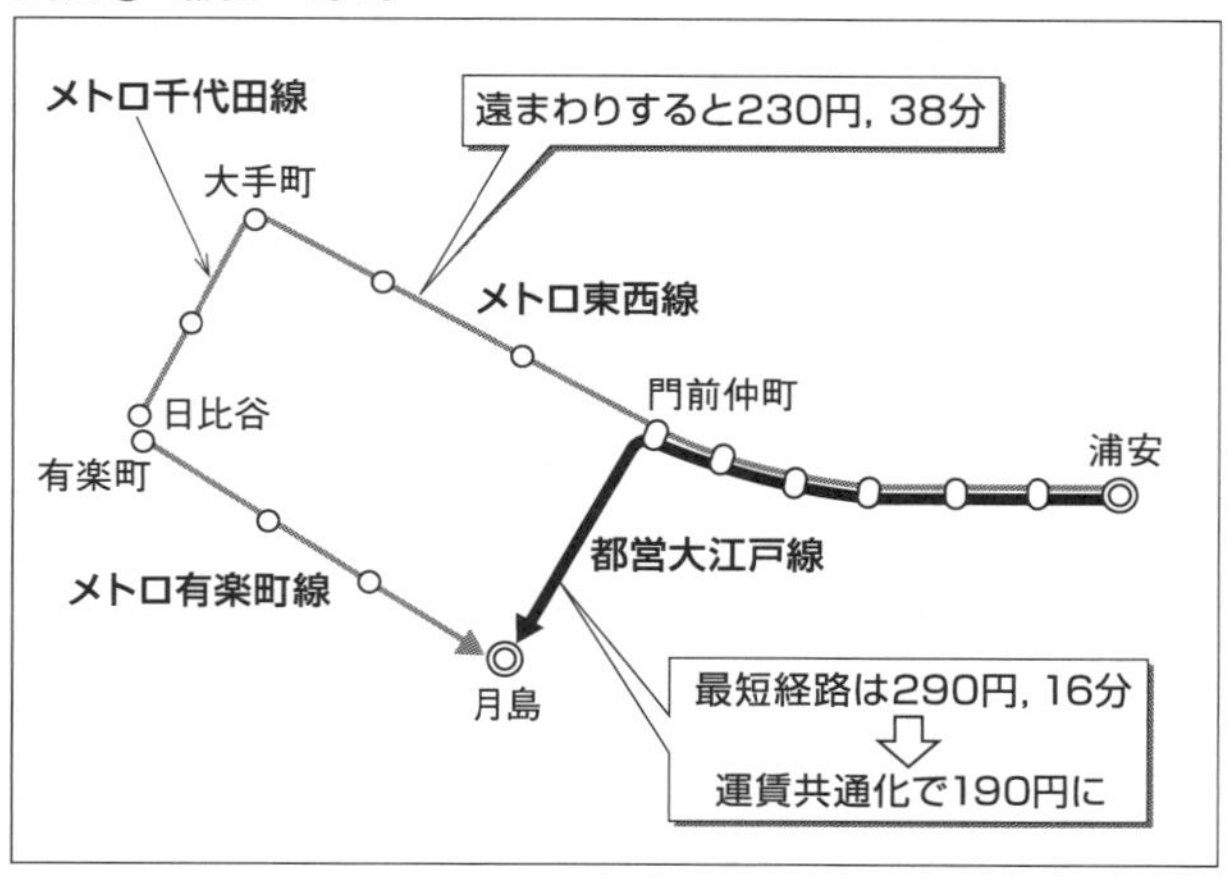

ったものだ。運賃のことを考えると遠回りしてもメトロのみ、または都営のみを利用するほかはない。

だが経営統合により運賃共通化が実現すれば、運賃は安くなると同時に所要時間も短くなるケースが増える。

そこで幾つかの具体的なケースを示すことにしよう。

前ページの「運賃共通化により利便性が向上する事例」の図表①をご覧いただきたい。

例えば有楽町線・護国寺駅から大江戸線・上野御徒町駅（日比谷線は仲御徒町駅）までのケースだと、メトロのみを利用した場合、運賃一九〇円である。飯田橋駅で東西線に乗り換え、つぎに茅場町駅で日比谷線に乗り換え、仲御徒町駅まで所要時間は三四分である。だがメトロと都営を乗り継げば、大江戸線への乗り換え一回だけ、所要時間二一分である。運賃共通化を実施すれば、通算運賃は二六〇円から一六〇円へと安くなる。

もう一度、整理しよう。乗り換えの手間は二回から一回に減り、所要時間は三四分から二一分へと一三分も短縮され、運賃は一九〇円から一六〇円へと三〇円安くなる。

こうして利用者の利便性は大きく向上するのだ。

図表②をご覧いただきたい。

図表③　広尾→表参道

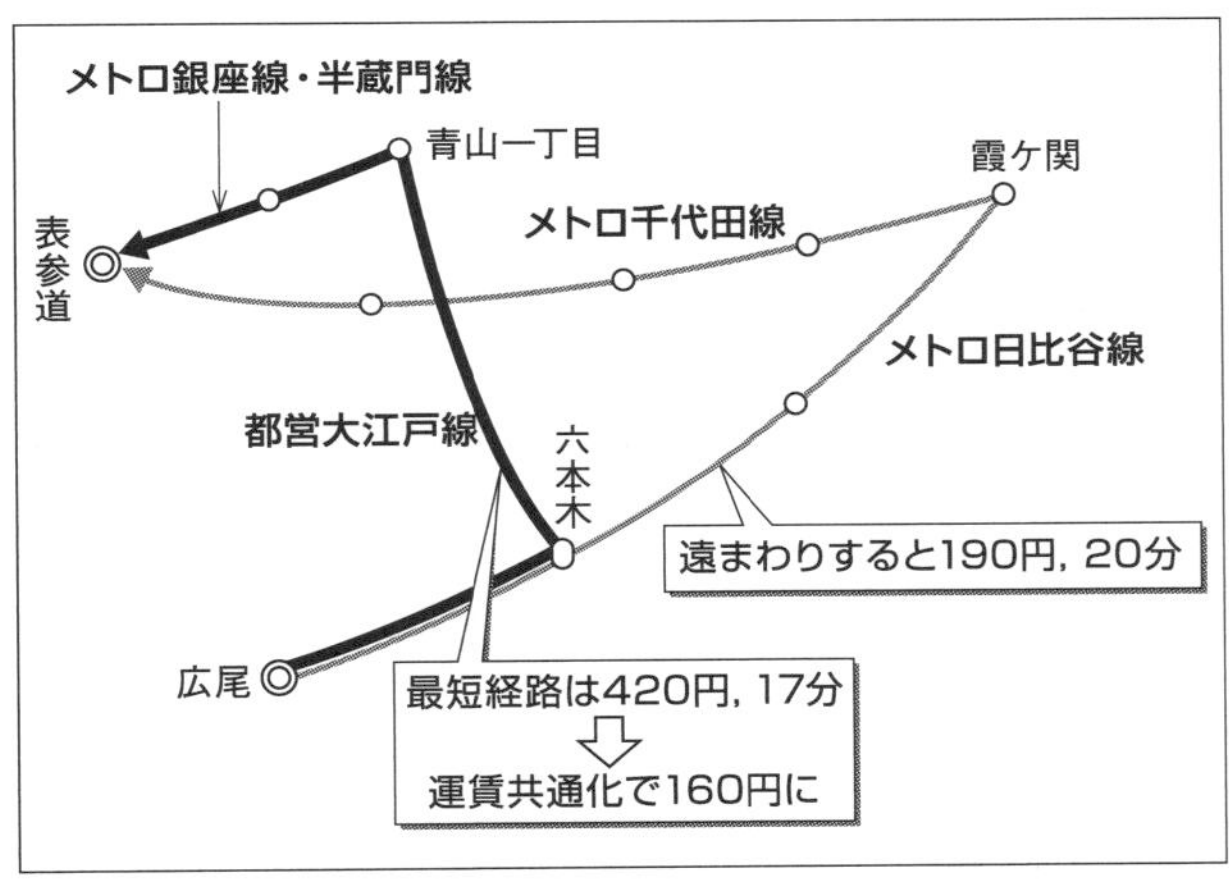

図表④　東大島→本所吾妻橋

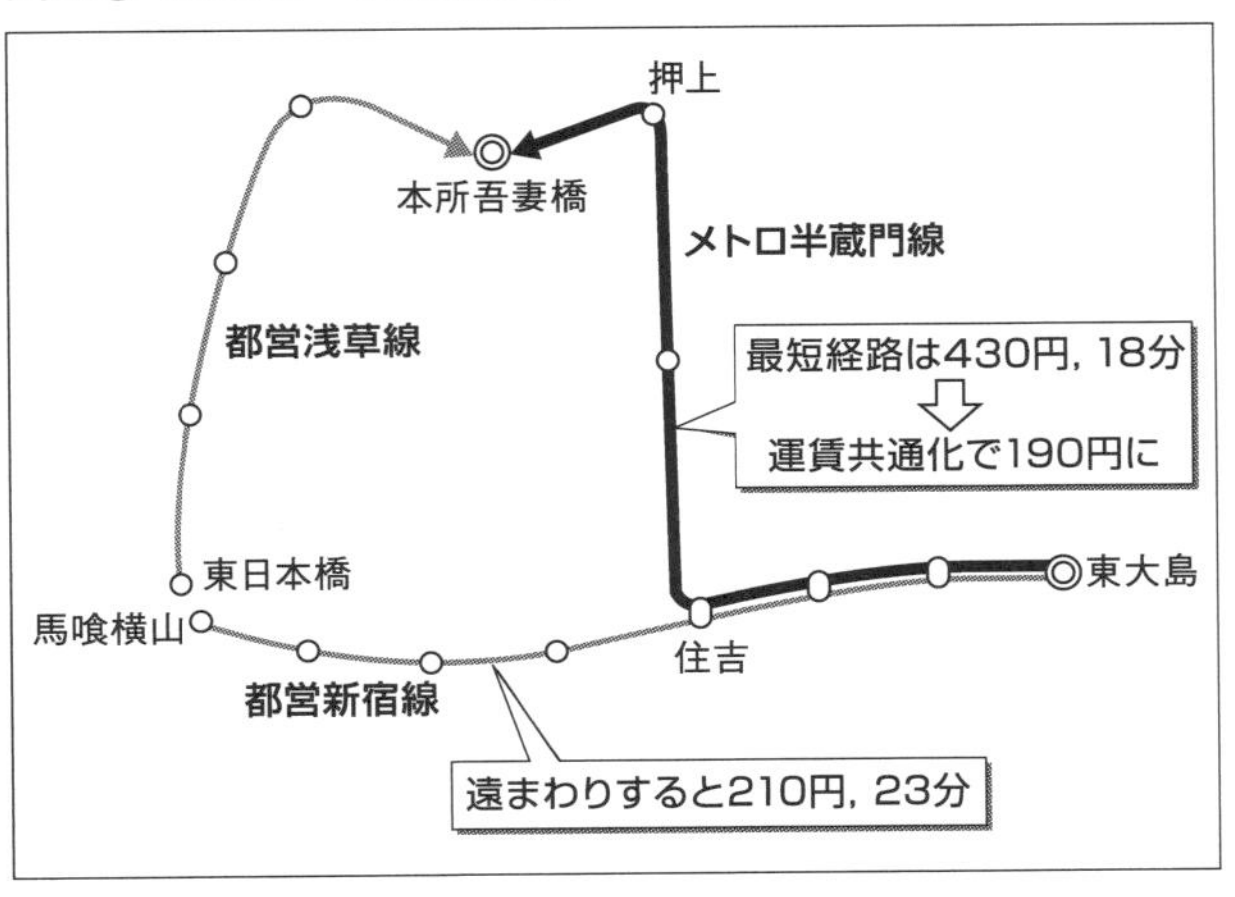

東西線・浦安駅から大江戸線と有楽町線が乗り入れる月島駅までのケースでは、メトロのみを利用した場合、運賃は二三〇円である。大手町で千代田線に乗り換え、日比谷駅から有楽町線に乗り換え（有楽町線は有楽町駅）、月島駅まで所要時間は三八分である。

だがメトロと都営を乗り継げば、門前仲町駅で大江戸線に乗り換えるだけ、所要時間一六分である。運賃共通化を実施すれば、通算運賃は二九〇円から一九〇円となる。

整理すると、乗り換えの手間は二回から一回に減り、所要時間は三八分から一六分へと二二分も短縮され、運賃は二三〇円から一九〇円へと四〇円安くなる。

図表③をご覧いただきたい。

日比谷線・広尾駅から千代田線、半蔵門線（と銀座線）が乗り入れる表参道までのケースだと、メトロのみを利用した場合、運賃は一九〇円である。霞が関駅まで遠回りして千代田線に乗り換え、所要時間は二〇分である。

だが都営を乗り継げば、六本木駅で大江戸線に乗り換え、青山一丁目駅で半蔵門線に乗り換え、所要時間は一七分である。運賃共通化を実施すれば、通算運賃は四二〇円から一六〇円、差額二六〇円にもなる。

整理すると、乗り換えの手間は一回から二回に増えるが、所要時間は二〇分から一七分へと三分短縮され、運賃は一九〇円から一六〇円へと三〇円安くなる。

図表④をご覧いただきたい。

新宿線・東大島駅から浅草線・本所吾妻橋駅までのケースでは、都営のみを利用した場合、運賃は二一〇円である。馬喰横山駅で浅草線に乗り換え（浅草線は東日本橋駅）、本所吾妻橋駅まで所要時間は二三分である。

だが都営―メトロ―都営と乗り継ぐ場合、住吉駅で半蔵門線に乗り換え、押上駅で浅草線に乗り換え、本所吾妻橋駅まで所要時間は一八分である。運賃共通化を実施すれば、通算運賃は四三〇円から一九〇円となる。差額は二四〇円だ。

整理すると、乗り換えの手間は一回から二回に増えるが、所要時間は二三分から一八分へと五分短縮され、運賃は二一〇円から一九〇円へと二〇円安くなる。

†異なる運賃体系

いま①～④の例で〝近道〟を示したが、地下鉄一元化で運賃共通化ができればこうした組み合わせ例はわかりやすいものだけで一〇〇例でも二〇〇例でもつくることができる。

読者の皆さんも、ご自分がよく利用する区間で、もし運賃共通化ができたらどんな最短コースを選べるか、シミュレーションしてみていただきたい。

運賃共通化は地下鉄一元化によって達成できるが、経営が異なる二つの事業体のままでは運賃体系もまた異なったままとなり、以上のようなあたりまえの選択ができない。

東京メトロと都営地下鉄の一元化によるメリットとしては、運賃体系の見直しによる利用者への還元ということがまず挙げられる。現在、東京メトロと都営地下鉄の運賃体系は別々になっている。東京メトロは初乗り運賃だけでなく、乗車区間に応じた運賃上昇カーヴもゆるやかだ。都営地下鉄はやや急なカーヴで上昇している。

東京メトロの初乗り運賃は一六〇円、都営地下鉄の初乗り運賃は一七〇円。二八キロ圏では、東京メトロの運賃は三〇〇円、都営地下鉄の運賃は四一〇円になる。初乗り運賃の差は一〇円しかないが、二八キロを超えると九〇円の差が生じる（図表⑤）。

二つの地下鉄は同じように税金を投入してつくられたにもかかわらず、住む場所によって運賃が大きく違うのは不公平である。運賃体系を同じにすれば、この差は埋められる。

そのためにはどんな課題をクリアしなければいけないか、おいおい説明を加えていくつもりだ。

異なる運賃体系のために、東京メトロと都営地下鉄は改札やホームの仕切壁によって隔

図表⑤ 都営地下鉄と東京メトロの運賃比較

<table>
<tr><th>キロ</th><th>都営</th><th>メトロ</th></tr>
<tr><td>1</td><td rowspan="4">170円</td><td rowspan="6">160円</td></tr>
<tr><td>2</td></tr>
<tr><td>3</td></tr>
<tr><td>4</td></tr>
<tr><td>5</td><td rowspan="5">210円</td></tr>
<tr><td>6</td></tr>
<tr><td>7</td><td rowspan="5">190円</td></tr>
<tr><td>8</td></tr>
<tr><td>9</td></tr>
<tr><td>10</td><td rowspan="6">260円</td></tr>
<tr><td>11</td></tr>
<tr><td>12</td><td rowspan="8">230円</td></tr>
<tr><td>13</td></tr>
<tr><td>14</td></tr>
<tr><td>15</td></tr>
<tr><td>16</td><td rowspan="5">310円</td></tr>
<tr><td>17</td></tr>
<tr><td>18</td></tr>
<tr><td>19</td></tr>
<tr><td>20</td><td>270円</td></tr>
</table>

<table>
<tr><th>キロ</th><th>都営</th><th>メトロ</th></tr>
<tr><td>21</td><td>310円</td><td rowspan="7">270円</td></tr>
<tr><td>22</td><td rowspan="6">360円</td></tr>
<tr><td>23</td></tr>
<tr><td>24</td></tr>
<tr><td>25</td></tr>
<tr><td>26</td></tr>
<tr><td>27</td></tr>
<tr><td>28</td><td rowspan="13">410円</td><td rowspan="13">300円</td></tr>
<tr><td>29</td></tr>
<tr><td>30</td></tr>
<tr><td>31</td></tr>
<tr><td>32</td></tr>
<tr><td>33</td></tr>
<tr><td>34</td></tr>
<tr><td>35</td></tr>
<tr><td>36</td></tr>
<tr><td>37</td></tr>
<tr><td>38</td></tr>
<tr><td>39</td></tr>
<tr><td>40</td></tr>
</table>

※普通運賃の割引など

○都営・メトロ乗り継ぎ割引
　それぞれの運賃の合算額から70円引き

○特定区間
　都営三田線の目黒・白金台・白金高輪の各駅を相互に発着する場合は160円。

○二度目の乗り継ぎには割引はない。

てられている。

東京メトロと都営地下鉄を乗り継ぐ際には、「二重改札」という珍妙で不可解な関所を潜り抜けなければならないのだ。利用者は運賃の二重支払いだけでなく、まったく徒労としか表現しようがない理不尽な大回りをも余儀なくさせられている。我われの前に立ちはだかる壁は具体的にどんなものか。

テレビカメラにそのばかばかしさを映してもらうために九段下駅を視察したのは二〇一〇年六月一七日であった。「分断されたホーム」をテレビの画面でご覧になった人もいると思う。いやいや毎日、通勤・通学で実際にこの不条理体験を余儀なくされた人は熟知しているのだ。

九段下駅には都営新宿線とメトロの半蔵門線及び東西線が乗り入れている。九段下駅の四番ホーム（東京メトロ半蔵門線・押上方面）と五番ホーム（都営地下鉄新宿線・新宿方面）は、仕切壁で隔てられていても、構造上は一つのホームだ。コンコースとホームがともに分断されている。

ホームの幅は一〇メートル。それを東京メトロと都営地下鉄で使っているから幅は五メートルになり、階段やエスカレータや駅務室のスペースに押し出されてもっとも狭いとこ

図表⑥　九段下駅の壁

都営地下鉄九段下駅ホームの壁の非常口を視察する筆者。ドアの向こうの右奥が東京メトロ半蔵門線のホーム。（毎日新聞社提供）

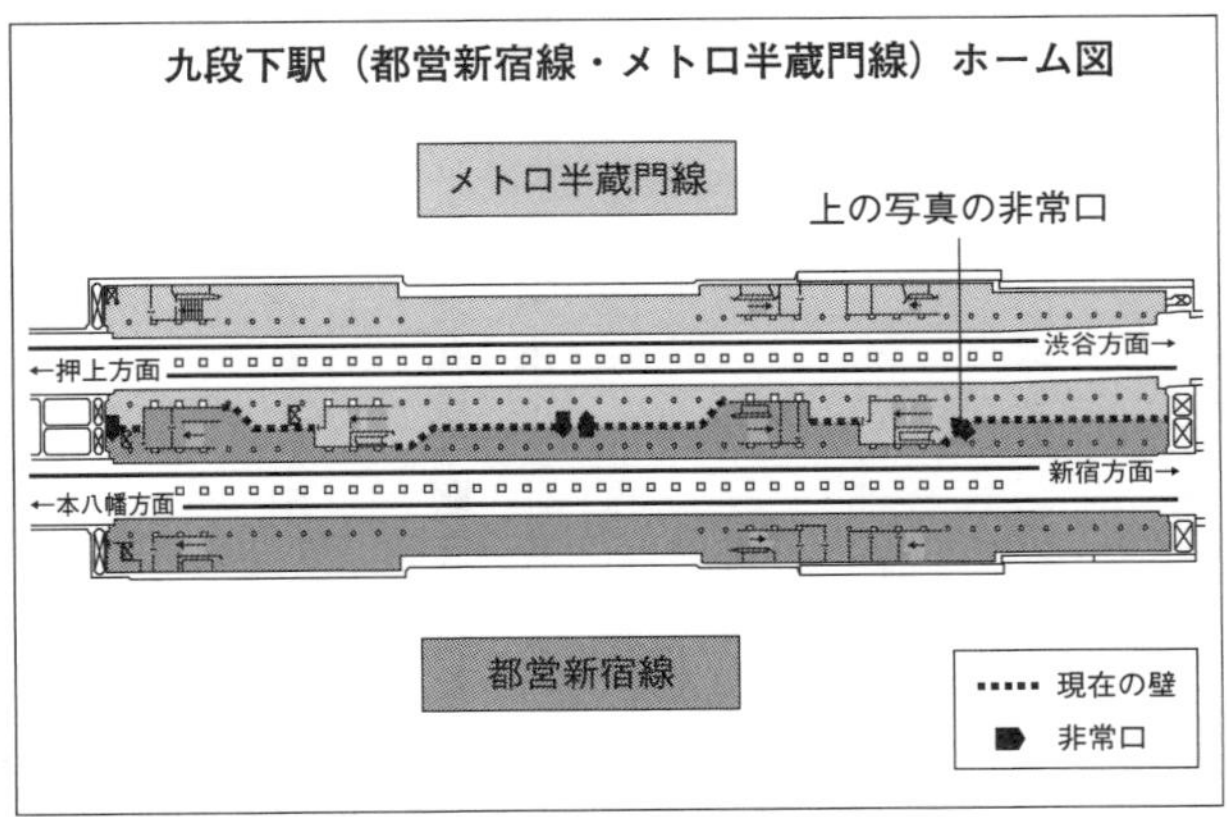

壁１枚で都営新宿線と東京メトロ半蔵門線のホーム（地下４階）が隔てられている。壁がなければスムーズに乗り換えられる構造だが、現状では地下３階に上がって改札を通り、また地下４階のホームに下りる必要がある。

ろでは一・五メートルしかない。高齢者や車椅子の障害者にとっては危険極まりない。不便なだけでなく安全性にも問題あり、だ。

ホームを分断する仕切壁には、小さな木戸口がある。非常口だから普段はカギがかかっている。開けようとすると、ブザーが鳴り響く。あくまでも非常用だから。都営地下鉄の職員に、カギをもってきてもらい開けてみた。

鉄扉一枚を隔てて、すぐ隣には東京メトロのホームが広がる。東京メトロのホームに電車が入ってきたとき、ほぼ同じタイミングで都営地下鉄のホームにも電車が入ってきた。しかし、乗客は仕切壁に阻まれているため、階段を昇り降りしてさらに改札を二つ通り抜けてから乗り換えなければならない。

図表⑥下の九段下駅ホームの図をご覧いただきたい。

図の右端に近いところ、メトロ半蔵門線のエスカレータの脇、都営新宿線の側から非常口を開けた。

僕はこの非常口のドアを開けたところに立っている（図表⑥上の写真）。

ドアを開けて、つまり結界を越えて東京メトロのホームに入り、そこからスタートしてエスカレータを昇る。「メトロ改札口」を抜けていったん改札の外に出る。今度は「都営線改札口」のところまで歩いて、都営地下鉄のコンコースへと入る。それから今度はエスカレータを下る。

汗をかきながら、急ぎ足でも二分の時間を要した。ラッシュ時だったら、五分近くはかかっていただろう。もし仕切壁がなければ、ホームの幅は一〇メートルだから数秒で乗り換えられる。

これまではメトロも都営も、地下鉄を一元化して利便性を向上させるという発想がなかった。乗客も不便だと思いながらも、仕方がないからと、何となく我慢してきた。九段下駅の仕切壁はその象徴である。

第 2 章

株主総会へ乗り込む

†ホテルのワンフロアー貸し切り

東京メトロは株式会社(正式名称は東京地下鉄株式会社)だから株主総会がある。だが営団地下鉄が二〇〇四年に民営化されたとはいえ、かたちばかりの株式会社にすぎない。株式の構成は国が五三・四%、東京都が四六・六%なのである。じつは東京都は大株主だったのだ。そんなあたりまえのことも利用者には案外知られていないのではないか。都営地下鉄だけが東京都のものと思っているのではないか。いずれにしろ東京地下鉄の筆頭株主は国であり、利用者には発言権はいっさいない。

いったい、どこでどんなふうに株主総会をやっているのだろう。

折よく「東京都台東区東上野三丁目19番6号　東京地下鉄株式会社・代表取締役社長梅﨑壽」から「株主各位」宛てに「第6期定時株主総会招集ご通知」と太文字で記された書面が東京都庁に届いた(写真1)。

そこで僕は副知事として東京メトロの株主総会に行くことにした。

ふつうの大手企業と同じように毎年、株主総会は六月末に開かれる。国の場合、鉄道事業者としての東京メトロに対する監督権限は国土交通省にあるから株主も国土交通省と勘

写真1 東京メトロ株主総会の通知

平成22年6月14日

株 主 各 位

東京都台東区東上野三丁目19番6号
東 京 地 下 鉄 株 式 会 社
代表取締役社長 梅 﨑 壽

第6期定時株主総会招集ご通知

拝啓 平素は格別のご高配を賜り厚くお礼申し上げます。

さて、当社第6期定時株主総会を下記のとおり開催いたしますので、ご出席くださいますようご通知申し上げます。

敬 具

記

1 日 時 平成22年6月29日（火曜日）午前10時

2 場 所 東京都港区高輪三丁目13番1号
グランドプリンスホテル新高輪 3階 天平の間

3 会議の目的事項

報 告 事 項

（1）第6期（平成21年4月1日から平成22年3月31日まで）事業報告、連結計算書類並びに会計監査人及び監査役会の連結計算書類監査結果報告の件

（2）第6期（平成21年4月1日から平成22年3月31日まで）計算書類報告の件

決 議 事 項

第1号議案 剰余金の処分の件

第2号議案 取締役1名選任の件

第3号議案 退任取締役に対し退職慰労金贈呈の件

以 上

—1—

違いしやすいが、国の財産を管轄しているのは財務省理財局なのだ。都営地下鉄は、東京都地下高速電車条例にもとづいて東京都交通局が運営する地方公営企業で、トップは交通局長、地方公務員である。

株主総会といっても財務省理財局から一名（理財局政府出資室長）、東京都から一名（都市整備局都市基盤部調整課長）。出席者は二人しかいない。ということは「株主各位」といっても送られた宛先は二カ所だけだった。一カ所は財務省、もう一カ所は東京都。直接持参したほうが早い。

「拝啓　平素は格別のご高配を賜り厚くお礼申し上げます。さて、当社第6期定時株主総会を下記のとおり開催いたしますので、ご出席くださいますようご通知申し上げます」とあり、そうか二〇〇四年四月一日に民営化してから第1期が二〇〇五年三月三一日までの一年間だから、もう6期になるわけで、たった二〇分のシャンシャン大会の株主総会を五回も催してきていたのだった。

東京メトロ社長が議案書を読み上げ、株主二人が「異議無し」と言うだけで滞りなく終了していたのである。

六月二九日火曜日は株主総会の集中開催日だ。今回は、副知事の僕が行くぞ、東京メト

写真[2] 東京メトロ株主総会
（2010年 6 月29日、グランドプリンスホテル新高輪にて）

ロと都営地下鉄の一元化を初めて正式に提案するぞ、と前もって伝えられた。

東京メトロは二〇一〇年度に株式が売却されると想定して一年も前から予約して、グランドプリンスホテル新高輪の三階の会議室フロアーの全部を借り切っていたのである（写真2）。

僕はこのことを知った瞬間、総会屋の心境が——いやいや僕が総会屋ではなく、総会屋を迎える企業の心境がわかったような気がした。予定にない言動を恐れるという意味で。ただし総会屋はアンフェアな攻め方をするが、こちらは正々堂々と第二位の大株主としての主張をさせてもらうのだ。

テレビカメラも列をなしている。「ここより立入禁止」と貼られた看板の奥へと僕はずんずん進んでいく。そこからはテレビカメラとお別れである。

廊下はやけに長い。幾つもガランとした会議室を横目にこんなに無駄に部屋を借り切ってしようがないなあ、とつぶやきながら突き当たりの会議室へ入った。そこが株主総会の会場なのである。

株主側は株主二人。その随行員それぞれ一人を含めて四人だけだが、その正面には経営陣が二〇人くらい、ずらずらっと座っていた。細長いテーブルにブルーのテーブルクロスがかけられ、経営陣は二列に座り、株主は椅子一つの短いテーブル、それが二つ。ふつうの株主総会とは逆さまのような光景だ。これっぽっちの人数の株主総会なのだから、上野の本社の会議室で事足りるはずだ。もともと本社三階の会議室でやっていたのだ。

†なぜシャッターが閉まっているのか

まずは大株主として地下鉄の利用者が具体的に感じている不便を伝えなければならないと考えた。僕のツイッターに一四〇字でさまざまな情報が寄せられる。利用者の切実な声である。

「日本橋駅構内、浅草線始発が来てるのに、目の前のメトロ管轄のシャッターが開かないので乗れない。待ってる人が何人もいたのに、メトロ職員は平気な顔。これぞまさに無責任体質」

図表⑦をご覧いただきたい。

日本橋駅では、東京メトロ東西線の中野方面行きの始発電車（五時七分）で到着した乗客が、都営地下鉄浅草線押上方面（五時一一分）に乗り換える場合、東京メトロと都営地下鉄の連絡通路のメトロ側のシャッターが閉まっていて、別の通路を経由しなければならない。

九段下駅の「分断されたホーム」以外にも、一元化されていないために利用者が不便を強いられている現場が存在する。都営地下鉄は地方公営企業で、当然だが東京都が経営している。下調べをする必要があったので、すぐに担当の東京都交通局企画調整課長に副知事室に来てもらった。

「こんなことが実際にあるの？」

「はい。日本橋駅は東西線のシャッターをあと一〇分早く開けてくれたら都営浅草線の始発電車に乗り換えられます」

「知っているなら、なんで交渉しなかったのかね」

「現場同士では話したみたいですが、結局、メトロ側は改善してくれませんでした」

「ほかに同じケースがあるのかね」

「浅草駅にもあります。やはり銀座線側のシャッターが閉まっていて都営浅草線の始発のお客さんはいったん地上に出ませんと乗り換えができません」

まったく……。東京都交通局が経営している都営地下鉄のお客さんが不便を強いられているのなら大株主として株主総会で指摘すればよいのだ。

図表⑦ 日本橋駅のシャッター

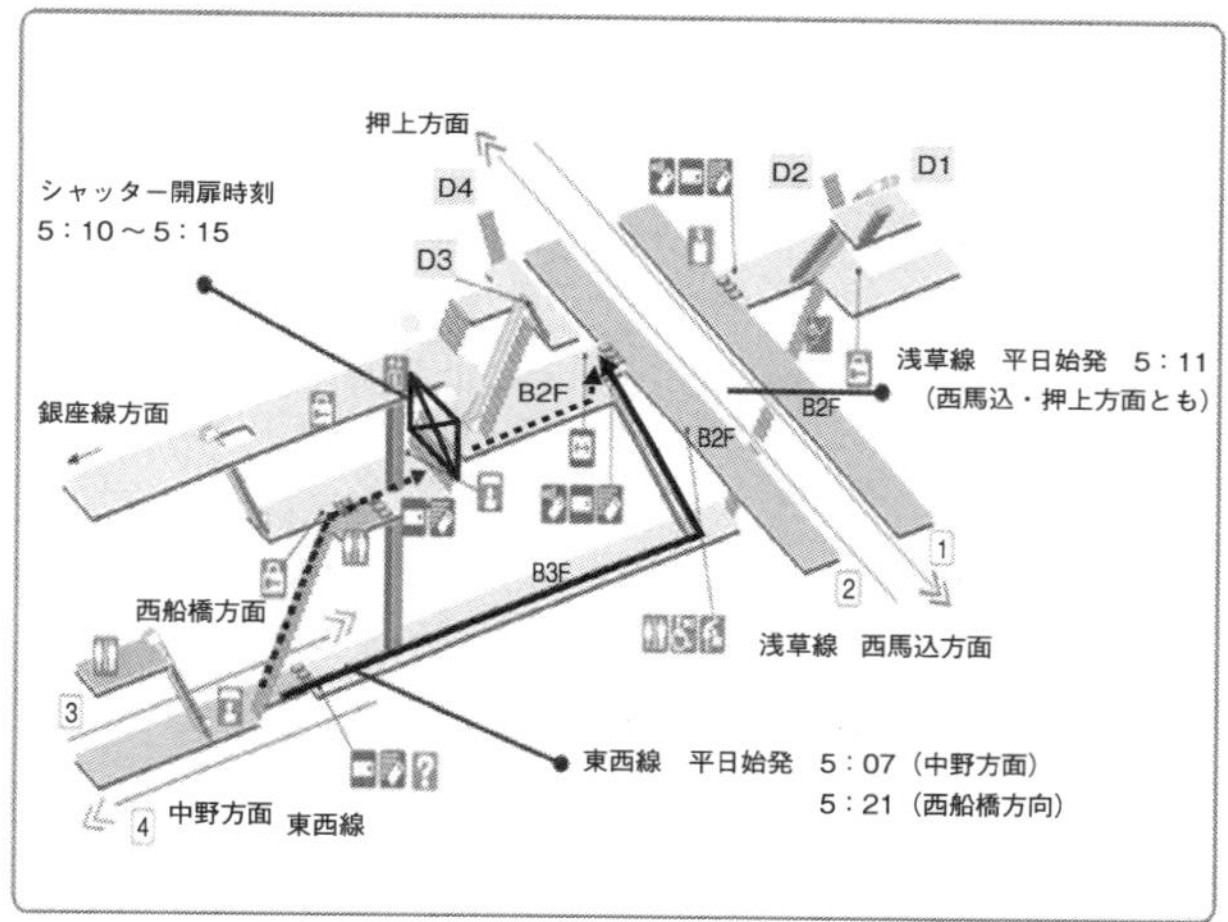

東西線の中野方面行きの始発電車（5時7分）で到着した乗客が、浅草線押上方面(5時11分)に乗り換える場合(上図の破線)、メトロと都営の連絡通路のシャッターが閉まっていて、別の通路（実線）を経由しなければならなかった。

株主総会で改善を提案したことにより、2010年7月24日より日本橋駅と浅草駅の連絡通路のシャッター開扉時刻が早められ、始発時間帯の乗り換えがスムーズになった。(右の掲示参照)

だがややこしい。株主総会に出席する東京都の担当部局は都営地下鉄を経営している交通局でなく都市計画を担当している都市整備局なのである。

銀座線浅草駅や日本橋駅では、東京メトロのシャッターが開いていないために、都営からメトロ、あるいはその逆の始発電車にすぐ乗り継ぐことができないという事実がわかったので、株主総会に出席する前に東京メトロ側に事前通告しておいた。回答を用意してもらうための調整の時間を与えなければいけない。

日本橋駅の例はすでに前ページの図で説明したが、浅草駅の場合には、シャッターが閉まっているといったん地上に出なければならない。

図表⑧をご覧いただきたい。

浅草駅では、都営地下鉄浅草線の始発電車（西馬込方面、押上方面どちらも五時三分）で到着した乗客が、東京メトロ銀座線（五時一五分発）に乗り換える場合、メトロ側の改札口前のシャッターが閉まっていた。いったん地上に出てから地下鉄の入口の階段を降りて行く。乗り継ぎのために利用者はわざわざ地上に出てからまた地下に入らなければならない、そういう不便を強いられている。

さて、がらんとした駄々っ広い株主総会の場面に戻ろう。

図表⑧ 浅草駅のシャッター

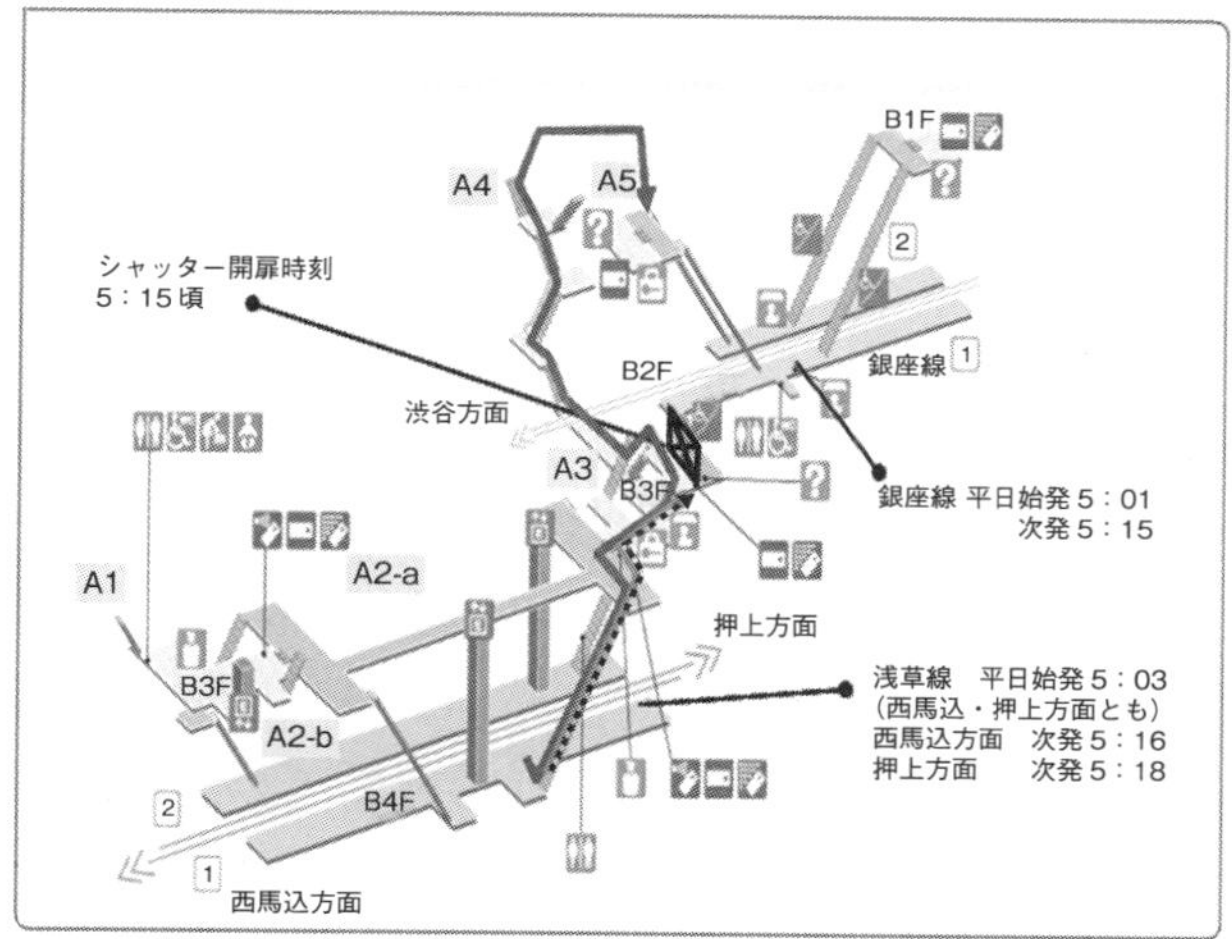

浅草線の始発電車（西馬込方面、押上方面どちらも5時3分）で到着した乗客が、銀座線（5：15分発）に乗り換える場合（上図の破線）、改札口前のシャッター（左下の写真）が閉まっていて、いったん地上に出なければならなかった（実線）。

あらためて通告しておいた質問に対して、担当常務が答えた。

「日本橋駅、浅草駅について具体的なお話がありましたが、ご指摘の通りで、早急に対応したいと考えております。ええ、ただ早朝でありまして勤務のローテーションを組み換えたりしなければなりません。二十八日周期でやっていますので、支障なく出勤者の見直しをするためには四週間程度の準備期間が必要でありまして、七月末ごろには実施できるようにしたいと思っております」

なんだ、株主総会で指摘されるとわかれば、やれるじゃないか。だんだん腹が立ってきた。利用者がシャッターが閉まっていることで乗り換えに苦労している事実に気づかなくて、どうやってお客さん本位の経営が実現できるのだろうか。とんだ民営化である。

僕は皮肉のつもりで言った。

「そもそも日本橋駅や浅草駅について問題があったことを認識していたのですか」

「いえ。認識しておりませんでした」

こんなにあっさりと認めるのなら、少しは反省してもらわないといけない。

「お客さんが、シャッターが閉まっているために不便を強いられる事例は僕のところに届くのに、肝心のメトロの担当役員に現場から上がってこないというのはおかしなことだ。

社員がどういう意識で働いているのか、お客さんのことを考えているのかいないのか、大きな問題ではないか。民営化したらお客さん第一であるべきなのにメトロの民営化はお客さんの声がトップに届かない。そういう民営化であるなら一から見直すべきだ。ほかにもこうした事案がないか総点検し、その結果を公表していただきたい」

その後、七月二四日土曜日からシャッターが開く時間は五時に繰り上げられ、乗り換え時間は充分に確保される結果となった。改善されたのである。

†二つの地下鉄の一元化を正式提案

東京メトロと都営地下鉄の一元化について僕は株主総会の場で正式に提案した。

「地下鉄を一元化することにより、こうしたシャッター問題だけでなく共通運賃化や二重改札の廃止など、利用者の利便性が向上する。外国人旅行者が戸惑っているが、彼ら観光客にとってもわかりやすい地下鉄であらねばいけない。さらに、規模拡大や一体的運営により効率的な地下鉄経営が可能になります。そこで提案しますが、最大株主の国側（国交省と財務省）と、二番目の株主であり都営地下鉄の経営をしている東京都と協議の場を設置したい。そうした場に東京メトロも参加し、一元化の実現に向けて具体的手法を検討するなど協力することを求めたい」

その後、第一回協議会は八月三日に国土交通省で開かれることに決まった。こうして一元化をめぐって初めて正式な協議の場が設定されたのである（写真3）。

ここであらためて東京メトロと都営地下鉄の簡単な比較をしておこう。九路線をもっている東京メトロの売上高（営業収益）は約三四〇〇億円、職員八四〇〇人、一日当たり乗客数六三三万人。四路線をもっている都営地下鉄は一三〇〇億円、職員三四〇〇人、一日当たり乗客数二三三万人。まあだいたいメトロは都営の二・五倍ぐらいの大きさ、と規模感をもっていただくとよい。

この二つの事業体は一元化できるのではないか。一元化すればすべて解決できるのではないか。都営地下鉄は借金が多いから、東京メトロとは統合できないとか一元化は借金のツケをメトロ側に回す画策ではないかという俗説が横行しているが、それがいかに根拠がないか、示しておきたい。赤字の都営は放っておいて、メトロはさっさと上場すればよい、という言説は運賃共通化の工程表などまったく考えていない無責任なものだ。

そこで僕は一元化のための前提条件が整っていればよいのだけれどと思案して、両者の財務状況を見くらべているうちに、一気に解が見えてきた。幾何学で補助線を一つ見つけ

写真③　東京の地下鉄の一元化等に関する協議会（第１回）
（2010年８月３日、国土交通省にて）

さえすれば問題が解けるように。

図表⑨をご覧いただきたい。

三角形の図が二つある。上辺を定規で引っ張ってみると、二つの三角形が同じかたちになる。これがすべてだ。一元化はOKというサインだと思っていただいてけっこうである。

上段は東京メトロ。二〇〇四年から二〇〇八年までの五年間、営業収益（A）は三二五一億円から三四六二億円へと伸びている。借金である長期債務（B）は八〇〇〇億円余から七〇〇〇億円余へと一〇〇〇億円減っている。

下段は都営地下鉄。二〇〇四年から二〇〇八年までの五年間、営業収益（A）は一一八七億円から一三四〇億円へとやはり伸びている。借金である長期債務（B）は約一兆四〇〇〇億円から一兆一五〇〇億円へと減っている。約二五〇〇億円も減った。

都営はメトロより借金がずっと多いが、借金を返済するスピードはかなり早い。

さて三角形の話に戻ろう。

上の三角形の左隅、二〇〇四年度の経常損益は四三五億円。経常損益とは継続的な利益獲得能力をあらわす指標である。矢印の先は二〇〇八年度の経常損益で六八四億円。五年間の増加分は二四九億円である。単純な言い方をすれば利益がどんどん増えているという

図表⑨ 2004〜2008年度の経常収支の増加比較

（単位：億円）

	東京メトロ		
	2004 年度	2006 年度	2008 年度
営業収益（A）	3,251	3,307	3,462
経常損益	435	679	684
長期債務（B）	8,056	7,006	7,050
(B)／(A)	2.5	2.1	2.0

※(B)／(A)とは、営業収益における長期債務の割合

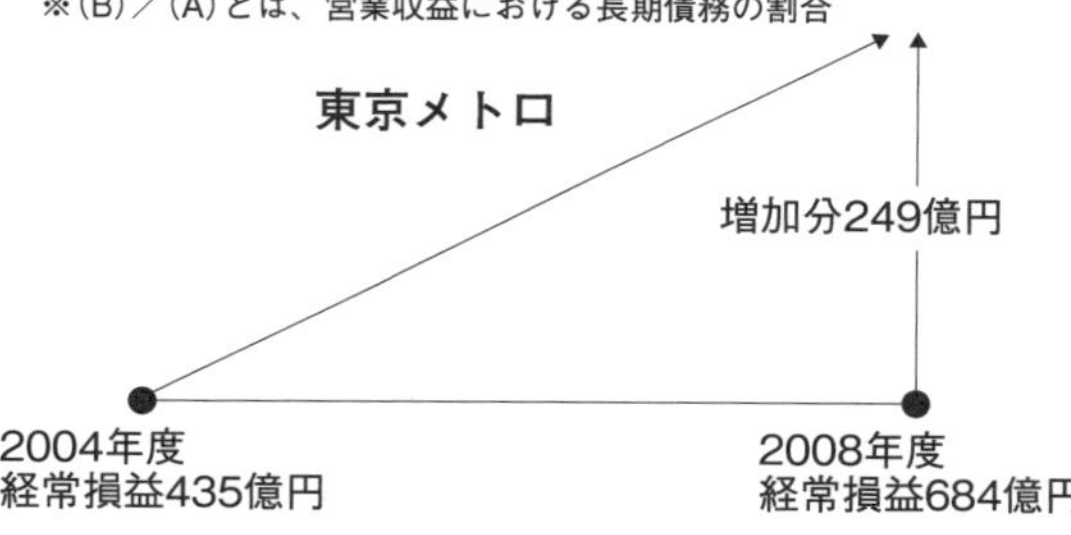

	都営地下鉄		
	2004 年度	2006 年度	2008 年度
営業収益（A）	1,187	1,244	1,340
経常損益	△117	31	140
長期債務（B）	13,881	12,794	11,504
(B)／(A)	11.7	10.3	8.6

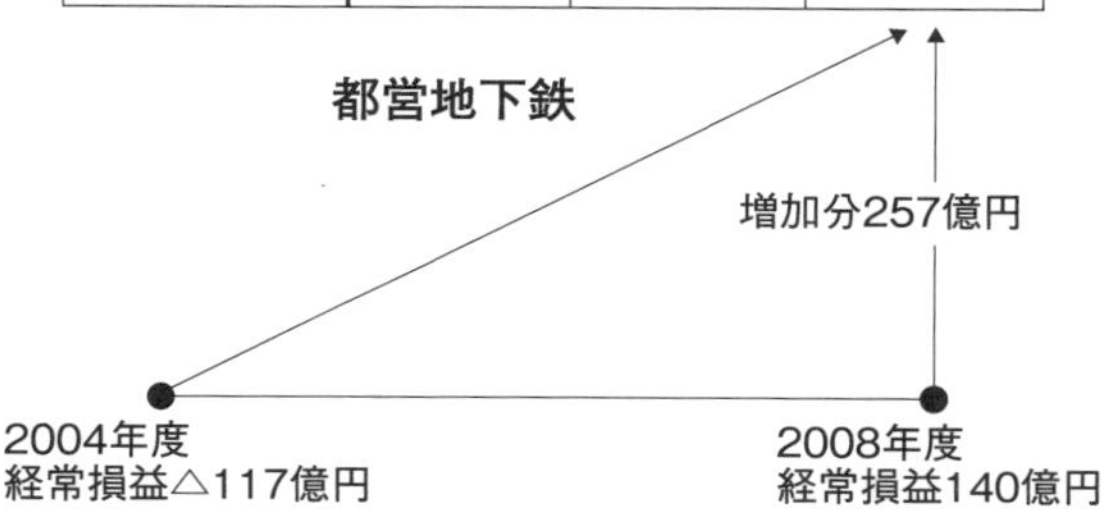

こと。こんな調子で右肩上がりでいけば業績は順調なのだ。

では都営地下鉄はどうか。下の三角の左隅。経常損益△一一七億円。赤字である。都営地下鉄の表にあるように二〇〇六年度に初めて三一億円の単年度黒字が出ている。二〇〇八年度は一四〇億円の黒字だ。五年間でマイナス一一七億円からプラスの一四〇億円。三角形の矢印の先、五年間の増加分は二五七億円である。

メトロも都営もほぼ五年間で増加分が二五〇億円、二つの相似形の三角形を見れば明らかだが、東京メトロと都営地下鉄の経常損益の上昇トレンドは同じなのだ。

この三角形の図をもって僕が非公式に財務省を訪問したのは五月中であった。

「詳しい財務分析は別にきちんと専門家を入れてやりますが、だいたいのところはこの二つの相似形の三角形で見えてきますね」

「なるほど。上昇トレンドがまったく同じなんですねえ」

「借金の多寡が違うだけなんですね。早くつくったメトロは借金返済が早い。遅くつくった都営地下鉄は借金返済の途上、そこが違うということです」

「まあ、たったいま株を（六〇％）売れば国としては二〇〇〇億円の収入になるが、明日（もっと先の比喩）売れば四〇〇〇億円になるということですな（笑）」

「どんどんよい事業体になるわけですから、今日ではなく、統合して株式価値を高めて、明日になってから売れば財務省も、もっと財源確保としては有利になるわけですよ。しかし、いま上場したら一元化は永久に不可能になり、財務省の利益にはなりません（笑）」

世間では根回しというが、正しい情報の共有、と表現したほうがわかりやすい。国交省は東京メトロに対して監督権限をもっているが、株主は財務省であり、財務省が協議の場に登場してもよいとのシグナルを示してくれなければ土俵に上ることはできない。だから財務省にまず、直感的に大丈夫、と理解してもらう手順が必要だった。

そして六月二九日に開かれた株主総会、日本橋駅と浅草駅のシャッター問題が解決したのが七月二四日、株主総会で提案した国とメトロと東京都の三者協議の場、正式名称は「東京の地下鉄の一元化等に関する協議会」は真夏の八月三日に開催と、踏んだアクセルはスピード感を強め解決へと一歩、進み出したのである。

†民営化しても特殊法人時代と変わらない

帝都高速度交通営団は、二〇〇四年に民営化されて東京メトロ（東京地下鉄株式会社）となった。では民営化されればお客さん本位の経営になるか、と言えば必ずしもそうではない。

なぜなら株主は国が五三・四%、東京都が四六・四%であり、民間の要素はどこにもないからだ。だから僕は冒頭の朝日新聞のインタビューで「東京メトロは国立」と答えたのである。大学になぞらえて言えば都営地下鉄は「公立」であり、私鉄は「私立」である。

利用者の利便性を前提にした東京の交通体系の改善についてはおいおい述べていくが、まずは「国立」の正体をきちんと見抜いていかなければいけない。地下鉄は誰のためにあるのか、はっきりさせなければならない。

役員名簿が手元にある。株主総会にずらずらっと並んでいた経営陣である。代表取締役会長は南海電鉄相談役。代表取締役社長は元運輸省事務次官。代表取締役副社長は元東京都副知事と、元営団理事の二人。

経営陣は代表取締役会長こそ私鉄出身者だが、関西の人であり「相談役」という肩書は現役の経営者ではなく第一線を退いた人、つまり業界団体の会長経験者（二〇〇三〜二〇〇五年、日本民営鉄道協会長）を名誉職として東京メトロが迎え入れたものだろう。東京メトロの経営の細部に口出しはしにくい。実権は別だ。

社長は元運輸省事務次官（旧運輸省と旧建設省と旧国土庁が合体して国交省となったのは二

〇〇一年）で典型的な天下りである。運輸省は鉄道の監督官庁なので、歴代の社長は運輸省から受け入れるのが暗黙の鉄則となっていた。副社長の椅子の一つは第二位の株主の東京都に割り当てられる慣例のポストである。社長は筆頭株主、副社長は元東京都副知事。天下りが二つあって、営団プロパーのトップがもう一人の副社長ということになる。

以下、専務取締役は元営団理事。常務取締役は五人で元営団理事、元営団部長、元東京都局長、元気象庁次長、元国交省技術審議官。取締役三人はいずれも営団出身者、常勤監査役は二人で営団出身者と財務省出身者。

数で示すと国交省から三名、東京都から二名、財務省から一名、営団プロパー八名である（代表取締役会長及び非常勤監査役を除く）。民間の要素など入る余地はない。これではお客さん本位であるわけがないのだ。

僕は道路関係四公団の民営化を手がけたが、ファミリー企業を徹底的に精査した。日本道路公団だけで八四社のファミリー企業があり、そのため年間の維持管理費は六〇〇〇億円に達していた。そこでずぶずぶの経営を見直すために「民営化の基本的枠組み」をつくり三割のコスト縮減を数値目標とした。二〇〇二年度を基準に一割ずつコストを削減し、〇三年度、〇四年度、〇五年度と一割ずつのコスト縮減を実施し、維持管理費を四〇〇〇億円にしたところで〇五年一〇月から民営化をスタートさせたのである。ここで浮かせた二〇〇〇億円を料金値下げの原資にして利用者への還元をはかった。

同じ時期に営団地下鉄が民営化されたのだが、どさくさに紛れて営団地下鉄の経営の見直しにはメスが入れられずに終わっていた。

民営化すればよくなる、というのではなく、民営化の前にやるべきことをやっておくことが必要なのである。スタートラインに着く前に、身支度を整えておくべきだが等閑（なおざり）にされていた。

東京メトロの民営化は、国会の監視を逃れるための民営化にすぎない。利用者からも国会からも監視されずに自分たちの天国をつくろうとしているので、ちょっと待てよ、公共性はどこで担保するのか、といま問い質しているのだ。

東京メトロだけ、ちょっと変ですよ、というわかりやすいデータがある。

図表⑩をご覧いただきたい。関東の大手鉄道事業者の従業員給与額（二〇〇九年、私鉄は「有価証券報告書」より）を比較してみよう。

東京メトロの「平均年間給与」は七九一万円（三九歳・勤続一九年）でトップだ。以下、京王・七六八万円（四〇歳・勤続一八年）、小田急・七五一万円（四〇歳・勤続一九

図表⑩ 関東の大手鉄道事業者の従業員給与額

2009年度	平均年齢	平均勤続年数	平均年間給与（円）
東京メトロ	38.9	19.1	7,906,461
京王	39.8	18.1	7,684,587
小田急	39.5	19.0	7,508,693
京成	42.0	21.3	7,415,187
東急	37.9	16.5	7,389,114
都営地下鉄	42.5	18.4	7,280,860
京急	38.8	18.0	7,020,541
JR 東日本	42.0	16.6	6,922,323
東武	43.9	22.9	6,631,514

年）、京成・七四二万円（四二歳・勤続二一年）、東急・七三九万円（三八歳・勤続一七年）、都営地下鉄・七二八万円（四三歳・勤続一八年）、京急・七〇二万円（三九歳・勤続一八年）、JR東日本・六九二万円（四二歳・一七年）、東武・六六三万円（四四歳・勤続二三年）である。

東京メトロの給与は都営地下鉄や大手私鉄に較べて高い。絶対額が高いだけでなく、平均年齢を見ても、かなり優位に立つ。

そういう認識をもったうえで、利用者にやさしい民営化ではなく、地下鉄資産を独り占めする不完全な民営化のままで東京メトロはどこへ行こうとしているのだろうか、と疑問を呈していきたい。

東京メトロは現在、剰余金が二一〇〇億円あり、借金もこのままいけば数年で返済できる。経常損益は七〇〇億円の黒字、株主への配当は順調で二〇一〇年には一株当たり一四円、株主の財務省にも東京都にも四〇億円ほどが入った。だが利用者の声を反映させ、利益を還元する仕組みはない。

第３章
バリアフリーより不動産ビジネス

†地下鉄の公共性とは？

国土交通省で開かれた真夏の八月三日の「東京の地下鉄の一元化等に関する協議会」(第一回)で、僕は「地下鉄は誰のためにあるのか」と東京メトロの経営のあり方に疑問を投げかけた。

「これだけ利益をあげているメトロの公共性とはなにかが問われているのです。メトロ法(東京地下鉄株式会社法)に〝できる限り速やかに……保有する株式の売却〟と記されているから、そうします、では話にならない。株式を売ってしまったあとでは、もう一元化のチャンスはありません。運賃共通化は実現しないままに終わってしまう。金城湯池の都心で地下鉄を経営すれば儲かるに決まっているのです。その利益で不動産を購入しているなら、まずは利用者へ還元すべきでしょう。かつて都営地下鉄も経営状況が厳しかったが、いまは単年度黒字も出るようになっている。自力で借金返済の見通しが立っているのですから、もう一度、地下鉄の公共性について考える必要があります」

およそこうした趣旨で述べた。法律が時代に合わないものになったら、改正すればよいだけのことじゃないか。しかし東京メトロの梅﨑社長は後述するように不動産ビジネスには積極的だが、その前に利用者に還元する、とは言わない。「現行の料金水準をできる限り維持していく」と東京メトロの利益を守る言葉しかない。

「サービス面を考えますと運賃の点については我われもやっていくのがいいのではないかと、こう思います。ただまあ（東京都）交通局さんの立場があるでしょうから、充分相談しながらその辺を詰めさせていただければと思います」

だんだん僕の怒りのマグマがたまっていくことにまだ梅﨑社長は気づかない。明らかに驕（おご）りが見られる。なぜなら剰余金で不動産投資をする余裕があるメトロと、大江戸線建設で一兆三〇〇〇億円もの投資をし、その結果、乗客数も増えてようやく〇六年度に単年度黒字となった都営とでは体力が違う。「交通局さんの立場があるでしょうから」とはその辺りを指している。

僕は彼に向かって強い言葉で言った。

「運賃が一つになるのは、利用者にとっては当然のことだよ。むしろ鉄道経営側はこれまであまり感じてないかもしれないけれど、利用者にとってはなぜここで二重払いさせられるんだという不満が鬱積している。

僕は、さっき東京メトロの社長が言われたこと、驚きなんだよ。このままこの運賃を維持していかなければならない。維持しなければならないって、例えて言えばドル箱路線の山手線だけをもって地方の路線をもたずに商売している人間が、なにが現行の運賃を維持していかなければならない、ですか。おカネがあまってあまってしようがないはずでしょ。それを、この運賃を維持していかなければならないと。しかし、よくそんな馬鹿みたいなこと言えますね」

梅﨑社長は、あわててこう述べた。

「新線の建設が終わりましたので安全投資をやっていく。そういうことでお客さまへの還元をやっていこうと考えてやってきた」

安全投資は、実際には東京メトロがいちばん遅れている。その事実をいずれ指摘されることになる。梅﨑社長には、東京メトロの儲けを利用者に還元するつもりがないことは明々白々であった。

東京メトロと都営地下鉄のバリアフリー率を調べた。

図表⑪は二〇一〇年一一月一七日の第三回協議会に提出した資料である。

国土交通省が作成したデータから「段差解消に向けた対応状況（一日当たりの平均利用者数が五〇〇〇人以上の駅）」を較べてみた。

図表⑪ 段差解消とトイレ設置の対応状況

段差解消状況

2010年3月31日現在

事業者名	1日平均利用者数5千人以上の駅		
		段差が解消されている駅	
	A	B	B/A ＊100
JR東日本	468	377	81%
JR東海	85	69	81%
JR西日本	286	218	76%
東武鉄道	111	93	84%
西武鉄道	78	70	90%
京成電鉄	47	37	79%
京王電鉄	64	52	81%
小田急電鉄	68	68	100%
東京急行電鉄	87	85	98%
京浜急行電鉄	70	60	86%
東京メトロ	**137**	**90**	**66%**
東京都交通局	**96**	**78**	**81%**

トイレ設置状況

2010年3月31日現在

事業者名	トイレ設置駅数 A	車椅子対応型トイレ設置駅数 B	割合（B／A）
東京メトロ	136	112	82%
東京都交通局	96	95	99%

註：1日平均利用者数5千人以上の駅について

国交省の定義では「段差が解消されている駅」とは「乗降場ごとに、高齢者、障害者等の円滑な通行に適する経路を一以上確保している駅」である。階段とは別にエレベータや車椅子対応のエスカレータなどの機能があればよい。そういう対応ができているかどうかをバリアフリー率とする。

都営地下鉄は九六駅のうち七八駅が対応できておりバリアフリー率は八一%である。ところが東京メトロは一三七駅のうち九〇駅しか対応できていない。バリアフリー率は六六%でしかない。ちなみにＪＲ東日本は八一%、ＪＲ東海は八一%、ＪＲ西日本は七六%である。

さらに地下鉄ではないが関東の大手私鉄では東武鉄道、西武鉄道、京成電鉄、京王電鉄、小田急電鉄、東急電鉄、京急電鉄のいずれと較べても、東京メトロのバリアフリー率の低さは際立っている。

もう一つ、「車椅子対応型トイレを設置している駅（五〇〇〇人以上）」でも、都営地下鉄は設置率九九%（二〇一〇年三月三一日調べ、その後、最後の一カ所のトイレも車椅子対応になり現在は一〇〇%）だが、東京メトロの設置率は低く八二%でしかない。

一一月一七日の第三回協議会に当たってこうした資料を事前に東京メトロ側に提示し、

バリアフリー率の低さを指摘したからか、東京メトロはあわてて車内吊りの週刊誌の広告と並べて自社広告を出した。

「誰もが使いやすいメトロ　すべての人に快適な安全な駅を。（略）さまざまな困難はあるが、すべての駅をバリアフリー化するために、日夜工事に取り組んでいる」

†メトロ一人勝ちの構図

八月三日の第一回の協議会は場所を国土交通省とした。九月八日の第二回は新宿の東京都庁の七階で開かれた。国・霞が関、都庁・新宿と開催場所を交代しながらつづけることに決めた。

その際の座席表があるので示しておこう（図表⑫）。

『東京の副知事になってみたら』（小学館101新書）でも触れたが、羽田空港国際化等を議題にした内閣府や国交省の代表らとの協議の場が設定されたとき、座席表が国側からしか読めないものが配られた。拙著を引用する。

「長方形のテーブルの図面に対して名前はそれぞれの側を向いていなければ読めない。ところが、国側からだけ真っ直ぐに読めるかたちになっているのだ。東京都は東京都、猪瀬直樹副知事は、事知副樹直瀬猪なのだ。坂官房副長官補は、補官長副房官坂としか読めない。補官長副房官坂・府閣内　事知副樹直瀬猪・都京東となっている。補官長副房官坂・府閣内　東京都副知事・猪瀬直樹と、それぞれの側から対等に記入するのが常識である。こういう鈍感さ、地方を見下したやり方に思わず笑ってしまうところだが、ここは笑いをこらえて、一発かましておかなければいけない。

『国と地方の対等の協議のはずだが、この座席表をみると、霞が関のほうが上だという発想がミエミエではないか。まずこういう初歩的な記述ミスについてきちんと弁明していただいてから、交渉を始めましょう』」

ところが「東京の地下鉄の一元化等に関する協議会」第一回目の座席表は、羽田空港国際化の際とは正反対になっている。東京側からしか読めないかたちなのだ。気を遣っている、というよりケチをつけられたくないのだろう。では、ということで第二回目、都庁で開かれた協議会では相手側を立ててやることにした。

しかし、立ててやるのはそこまでだ。

すでに記したが東京メトロの職員の給料は他の私鉄や都営地下鉄に較べていちばん高い。山手線の内側は金城湯池であり、ふつうの私鉄がそこに入り込んで地下鉄経営をするこ

図表⑫　東京の地下鉄の一元化等に関する協議会座席表
（第１回、2010年８月３日）

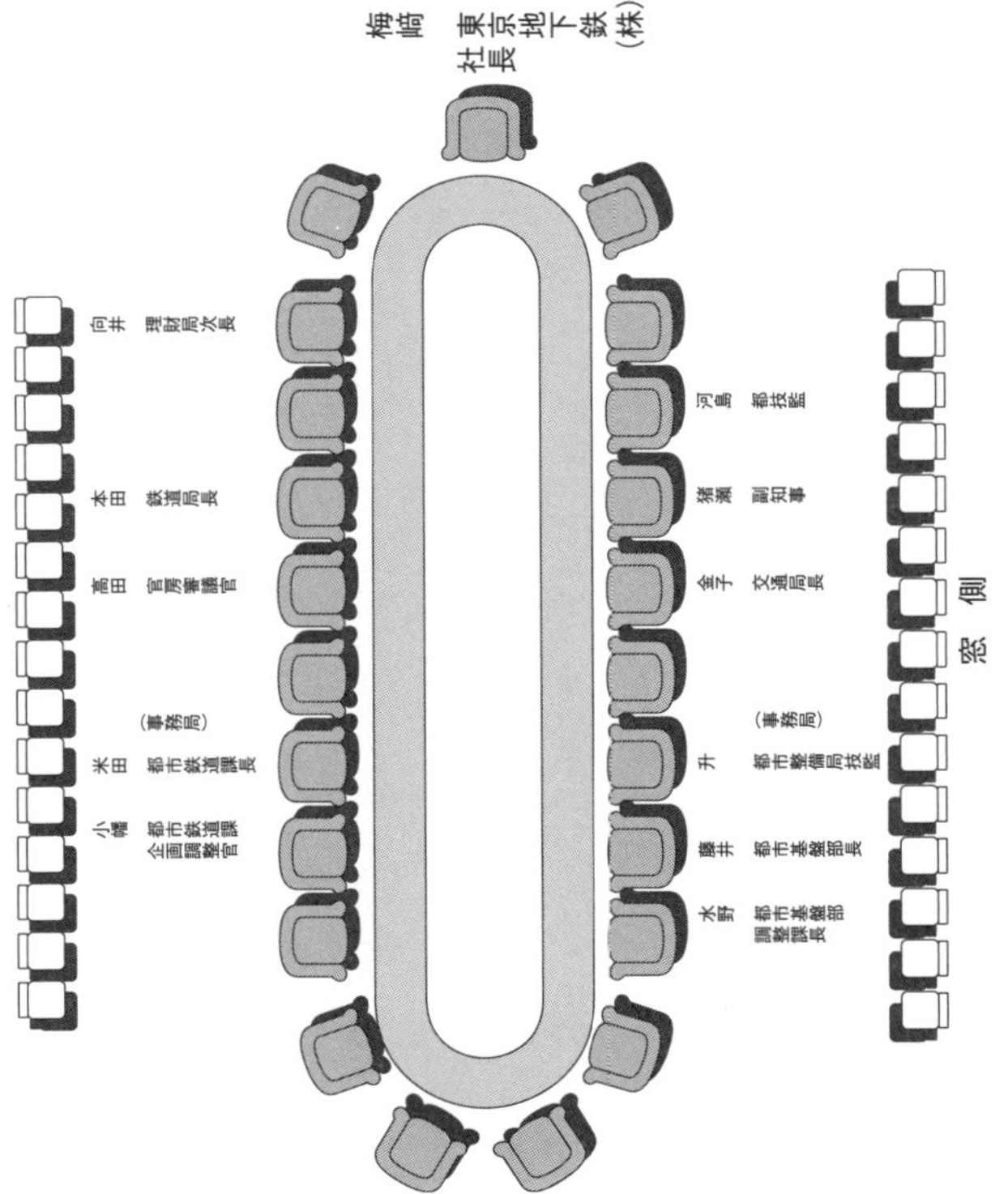

とはできない。特別な免許を旧営団地下鉄だけが与えられ、また国から二七〇〇億円、東京都から二七〇〇億円、合計五四〇〇億円もの税金も建設資金として投じられてきた歴史がある。利益は利用者に還元するという姿勢に逆行しているのではないか、という一例でもある。誰のための地下鉄か。職員のための地下鉄か。

僕はときどき都心の仕事場の近くをジョギングする。青山通りや六本木通りは幹線道路なので、歩道を走っていても排気ガスを肺に多量に吸い込んでしまう。できるだけ緑につつまれた青山霊園や明治神宮外苑などへ向かう。

そんなとき青山霊園に近い外苑西通りに面した二五階建ての高層ビルが眼に入った。いつの間にできたのだろう？　新築のビルで、東急系のシティ・ホテルの看板が架かっている。一部だがマンションにもなっているようだ（写真4）。

†青山の真新しい高層ビル

もちろんすぐに調べてみた。ガラス張りになっている一階と二階はレストランやエステサロンやギャラリーやブティックやアクセサリーショップなど一三店舗が入っている。三階から一二階までは「東急ステイ青山レジデンス（家具付賃貸住宅）」で、フロントサ

写真[4] AOYAMA M's TOWER

上　外苑西通り側から見たAOYAMA M's TOWER
下　青山通り側からの通路入口の看板（右奥にAOYAMA M's TOWER）

ービスも朝食もスポーツジムもリネン交換もルーム清掃サービスも付いた長期滞在型のホテルになっている。五〇戸ある。

一等地だから一カ月の家賃は部屋の広さに応じて、四二万円（三五㎡）から六〇万円（五〇㎡）で、気ままでちょっと贅沢というかスノッブな都市ライフ、まあ外資系の独身貴族向きに考えたのかなあ、と勝手に想像してみた。

一三階はフロント・ロビー、一四階から二五階までが「東急ステイ青山プレミア」というホテルで、これはシングルルーム中心、一七〇室ある。

このガラスが眩しい二五階建ての高層ビルは二〇〇八年三月に建築された。所有権は東急系のホテルではない。二五一六平方メートル（七六二坪）の敷地は七四％が東京メトロの持ち分、二三％が株式会社地下鉄ビルデイングの持ち分である。建物の所有権も少し比率が違うがこの両社に所有権が設定されている。

地下鉄銀座線は青山通り（国道二四六号線）の下を走っていて、近くに外苑前駅があるのだが、このビルは青山通りではなく外苑西通りに面している。外苑前駅の入口につながっているわけではない。「AOYAMA M's TOWER」という呼称である。

どうして地下鉄の出入口と無関係な道路に面してビルが建てられているのだろうか。

図表⑬ AOYAMA M's TOWER 周辺図

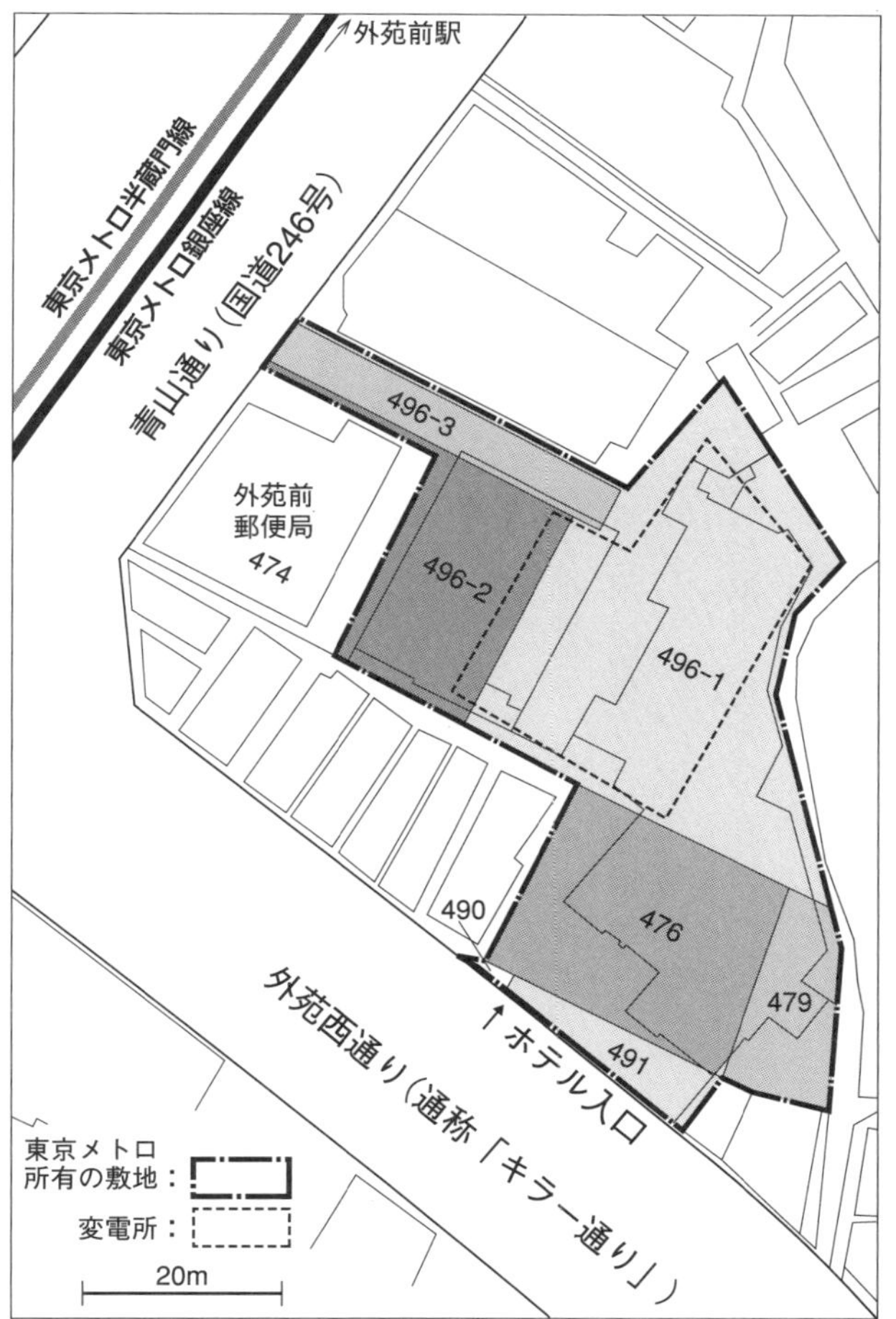

不可解だ。疑問をもたなければ謎が設定されない。謎を設定したら解明すればよいだけのことだ。法務局で登記簿を閲覧すればよい。

やはりそうだった。

図表⑬をご覧いただきたい。

地番の４９６－１と４９６－２と４９６－３は営団地下鉄がもともと所有していた土地である。４９６－３は路地のようなかたちで青山通りに入口をもっているが、これら三つの土地は表通りに面している部分が狭いので全体の商品価値が低い。４９６－１は地下に変電所がある。変電所ならば工事用の路地があればすむだろう。しかし、民営化を見越した営団地下鉄は表通りへの進出の機会を窺っていたと思われる。

青山通りに面した地番４７４は「外苑前郵便局」である。郵便局は買収に応じないだろうから、違う方角から表通り、地下鉄と何の関係もない別の表通りとして外苑西通りに眼をつけた。

地番４７６を一九九九年八月三〇日に取得、地番４７９は二〇〇〇年三月三一日に取得、地番４９０と４９１は二〇〇一年一二月四日に取得した。

こうしてついに表通りを〝獲得〟したのである。特殊法人等整理合理化計画で道路公団民営化が閣議決定したのは二〇〇一年一二月一九日である。営団地下鉄の民営化も、そのどさくさに紛れて決定されたのだ。表通りへの進出が成功した二週間後であった。

それから虎視眈々と、商品価値を高めたこの二五一六平方メートル（七六一坪）の敷地における不動産業の展開、つまり高層ビルの建設の機会を狙っていたと思われる。

ビルと敷地は東京メトロと株式会社地下鉄ビルディングに所有権利がある。

では株式会社地下鉄ビルディングとは？

†子会社に三九人の役員

東京メトロには一二の子会社がある。鉄道業務に密接に関係する鉄道アウトソーシング系子会社と、そうではない収益系子会社にわけられる。

図表⑭をご覧いただきたい。

鉄道アウトソーシング系子会社が、株式会社メトロセルビス（駅構内・車両清掃業務）、株式会社メトロコマース（駅業務など）、メトロ車両株式会社（車両検査・改修工事業務）、株式会社メトロレールファシリティーズ（鉄道施設保守管理業務）、メトロ開発株式会社（設計業務など）、株式会社地下鉄メインテナンス（鉄道電気設備の保守管理業務）の六社である。

収益系子会社が、株式会社地下鉄ビルデイング（商業・オフィスビルの保守管理・賃貸業務）、株式会社メトロフードサービス（駅構内などにおける飲食店運営業務など）、株式会社メトロスポーツ（ゴルフ練習場の運営業務）、株式会社メトロプロパティーズ（駅構内店舗・商業ビルなどの運営業務）、株式会社メトロアドエージェンシー（広告代理店業務）の五社。ほかに株式会社メトロフルール（障害者雇用促進法にもとづく特例子会社）がある。

株式会社地下鉄ビルデイングは営業収益四一億円（経常利益七億円）、四人の役員は元営団職員で平均年収一二八〇万円である。

外苑西通りに面した二五階建ての高層ビル「AOYAMA M's TOWER」のほかに大きな建物として目立つビルは西池袋の地上九階・地下一階の商業ビル「Esola池袋」である。いわゆるエキナカと呼ばれる構内店舗は「Echika」と名付けられている。

これらは株式会社メトロプロパティーズの経営である。エソラだのエチカだの意味がわからないが東京メトロのウェブサイトでは「『駅』と『地下』がひとつになって『エチカ』。みんなにとって『E（いい）』『chika（地下）』」だそうだ。いかにも広告代理店に焚きつけられたような名だが、「Esola」は「『駅』から『地上（空）』への上質な玄関口とし

図表⑭ 東京メトロと都営地下鉄の子会社・関連会社

東京メトロの子会社・持分法適用関連会社一覧

鉄道アウトソーシング系子会社（6社）

株式会社メトロセルビス
駅構内・車両清掃業務

株式会社メトロコマース
駅業務、定期券発売所運営業務、
旅客案内業務、小売業（売店）、
自動販売機・コインロッカー等運営業務

メトロ車両株式会社
車両検査・改修工事業務

株式会社メトロレールファシリティーズ
線路・土木構造物・建物等鉄道施設
保守管理業務

メトロ開発株式会社
土木・建築工事に関する設計業務、高架下店舗・
倉庫等の運営業務、工事用資機材販売業務

株式会社地下鉄メインテナンス
変電所・ホームドア・空調設備・昇降機・
駅務機器等の鉄道電気設備の保守管理業務

その他子会社（1社）

株式会社メトロフルール
（障害者雇用促進法に基づく特例子会社）
福利厚生施設等の一部の清掃業務

収益系子会社（5社）

株式会社地下鉄ビルディング
商業・オフィスビルの保守管理・賃貸業務

株式会社メトロフードサービス
駅構内等における飲食店運営業務、
給食業務、福利厚生施設運営業務

株式会社メトロスポーツ
ゴルフ練習場の運営業務

株式会社メトロプロパティーズ
駅構内店舗・商業ビル等の商業施設の運営業務

株式会社メトロアドエージェンシー
駅構内及び車内等における広告媒体の
管理・運営業務、広告代理店業務

持分法適用関連会社（3社）

渋谷熱供給株式会社
渋谷周辺への熱供給業

株式会社渋谷マークシティ
渋谷マークシティの賃貸借代理・運営業務

株式会社はとバス
一般乗合・貸切旅客自動車運送業務、旅行業

都営地下鉄の「子会社」「関連会社」に相当する会社一覧

都営地下鉄については、地方公営企業法が適用され、会社法は適用されない。

本表には、都営地下鉄について、「会社法における子会社」及び「企業会計基準における持分法適用関連会社」に相当すると考えられる会社を記載した。

「子会社」相当（鉄道アウトソーシング系）1社

東京交通サービス株式会社

駅務システム機器の保守管理

電気・通信施設設備や車両・機械設備の保守管理

地下鉄の改良工事の工事監理

建築・昇降設備の保守管理

「持分法適用関連会社」相当2社

東京都地下鉄建設株式会社
交通局に譲渡した鉄道施設及び軌道施設に
係る債権債務の管理

株式会社東京交通会館
不動産の所有、管理及び賃貸
不動産の管理及び賃借の受託
不動産の仲介及び鑑定
公共駐車場の経営

参考（都営地下鉄の業務を主に受託する関係団体）1団体

財団法人東京都交通局協力会
交通マナーの普及、地下鉄駅業務、
車両・駅舎清掃業務、駅売店事業等

この他に、都交通局には、自動車事業について、「会社法における子会社」及び「企業会計基準における持分法適用関連会社」に相当すると考えられる会社として、東京トラフィック開発（株）及び（株）はとバスがある。

て名付けられました。『E（いい）』『sola（空）』でありたいという意味を込めました」とのこと。だから「AOYAMA M's TOWER」の命名もわかってきた。M'sとは、メトロのものです、と言っているだけなのである。

九月八日の第二回協議会で僕は株式会社メトロスポーツが運営している立派なゴルフ練習場を示しながらこう言った（図表⑮）。

「東京メトロの関連会社でメトロスポーツという大きなゴルフ練習場（メトログリーン東陽町）の運営会社が東陽町の駅の近くにあります。このゴルフ練習場は非常に大きくて打ちっ放しのスペースが三階まである。一つのフロアーに三〇人、合計九〇人が同時に利用できる立派な施設です。メトロの子会社はこれだけではなく、ほかにもたくさん、雑居ビルなどの不動産をもっています。あらためて、東京メトロにおける子会社とは、いったいなんなのかということを論じたい」

梅﨑社長は、用意してあるペーパーを読み上げた。

「子会社一二社のうち、六社が鉄道のアウトソーシング系の子会社でございます。これらの子会社はコスト削減を図りながら、効率性を高めつつ、鉄道の安全輸送とそのサービスにかかる業務を担わせるということ、また技術の外部流出を抑えましてグループ内で技術

図表⑮ 東京メトロの子会社

メトログリーン東陽町（公式サイトより）

東京メトロ子会社の役員名簿。東京メトロ出身者が名を連ねる。

就任年月	年月	経歴
		帝都高速度交通営団（現東京地下鉄株式会社）理事
平成20年6月	昭和47年 4月	帝都高速度交通営団（現東京地下鉄株式会社）採用
	平成14年 4月	帝都高速度交通営団（現東京地下鉄株式会社）総務部長
	平成16年 4月	東京地下鉄株式会社常務取締役
	平成19年 6月	東京地下鉄株式会社[illegible]
	平成20年 6月	株式会社メトロレールファシリティーズ代表取締役社長（現在）
平成19年6月	昭和42年 4月	帝都高速度交通営団（現東京地下鉄株式会社）採用
	平成10年 3月	帝都高速度交通営団（現東京地下鉄株式会社）建設本部副本部長
	平成14年 4月	メトロ開発株式会社採用
	平成16年 5月	メトロ開発株式会社取締役
平成19年6月	昭和43年 4月	帝都高速度交通営団（現東京地下鉄株式会社）採用
	平成11年 3月	帝都高速度交通営団（現東京地下鉄株式会社）管財部長
	平成15年 4月	メトロ開発株式会社採用
	平成16年 5月	メトロ開発株式会社取締役
平成18年6月	昭和44年 4月	帝都高速度交通営団（現東京地下鉄株式会社）採用
	平成12年 3月	帝都高速度交通営団（現東京地下鉄株式会社）工務部担当部長
	平成15年 4月	メトロ開発株式会社採用
平成19年6月	昭和43年 4月	帝都高速度交通営団（現東京地下鉄株式会社）採用
	平成11年 3月	帝都高速度交通営団（現東京地下鉄株式会社）建設本部工事部長
	平成15年 4月	メトロ開発株式会社採用
平成19年6月	昭和43年 4月	帝都高速度交通営団（現東京地下鉄株式会社）採用
	平成14年 3月	帝都高速度交通営団（現東京地下鉄株式会社）安全防災対策室長
	平成19年 4月	メトロ開発株式会社採用
平成20年8月	昭和34年 4月	帝都高速度交通営団
	平成 3年 3月	株式会社地下鉄メインテナンス採用
	平成 6年 4月	株式会社地下鉄メインテナンス取締役
	平成 7年 5月	株式会社地下鉄メインテナンス常務取締役
	平成13年 5月	株式会社地下鉄メインテナンス取締役
	平成14年 5月	株式会社地下鉄メインテナンス退職
	平成16年 7月	メトロ開発株式会社採用
	平成20年 8月	[illegible]
平成19年4月	昭和41年 4月	帝都高速度交通営団（現東京地下鉄株式会社）採用
	平成11年 7月	帝都高速度交通営団（現東京地下鉄株式会社）理事
	平成15年 7月	メトロ車両株式会社顧問
	平成15年 8月	メトロ車両株式会社代表取締役専務
	平成16年 5月	メトロ車両株式会社代表取締役社長（現在）
平成18年6月	昭和38年 4月	帝都高速度交通営団（現東京地下鉄株式会社）採用
	平成 7年 7月	帝都高速度交通営団（現東京地下鉄株式会社）情報システム部
	平成11年 7月	株式会社地下鉄メインテナンス代表取締役社長
	昭和42年 4月	帝都高速度交通営団（現東京地下鉄株式会社）採用
	平成14年 3月	株式会社地下鉄メインテナンス採用

力を保持するという目的のために設置しているものでございます。それから、収益系の子会社五社でございますが、関連事業における専門性を高めるために、それぞれの事業にあった人材の確保育成と、ノウハウ蓄積のために置いているものであります」

事前に投げかけておいた質問項目に対応した役人答弁である。

「役員報酬ですが、平均して一二〇〇万円でございます」

そこで、僕は言った。

メトロの子会社一二社には、合わせて四一人の役員がいる。役員名簿も提出させている。

「この役員がすべて帝都高速度交通営団出身であって、最後のメトロアドエージェンシーのところで、東急エージェンシーから来ている人が一人と、JR東日本企画というところから来ている人が一人、取締役でいますけど、四一名の役員のうち、この二人を除いてオール帝都高速度交通営団出身です。事実としてあらためて確認できた。あえて確認いたします」

子会社の役員の年収については図表⑯をご覧いただきたい。なお都営地下鉄の子会社は、東京交通サービス株式会社一社で、このほかに東京都交通局が出資する関連会社として東京都地下鉄建設株式会社（交通局は二六・七％、都の一般会計も四〇％出資）、株式会社東京

図表⑯ 東京メトロと都営地下鉄の子会社役員報酬

東京メトロの子会社

会社名		役員報酬〈平均年収〉（万円）
鉄道アウトソーシング系	㈱メトロセルビス	1250.1
	㈱メトロコマース	1338.0
	メトロ車両㈱	1043.9
	㈱メトロレールファシリティーズ	926.8
	メトロ開発㈱	1004.8
	㈱地下鉄メインテナンス	890.9
収益系	㈱地下鉄ビルデイング	1280.1
	㈱メトロフードサービス	1446.0
	㈱メトロスポーツ	1311.4
	㈱メトロプロパティーズ	1351.5
	㈱メトロアドエージェンシー	1299.5
その他	㈱メトロフルール	—
12社平均		1205.1

都営地下鉄の「会社法における子会社」に相当する会社

会社名	役員報酬〈平均年収〉（万円）
東京交通サービス㈱	862.6

交通会館がある。東京地下鉄建設は大江戸線（環状部）を建設するための会社で、いまは都から割賦代金を受け取り債務返済する業務のみの会社である。役員は交通局次長が代表取締役を兼務するが、報酬はゼロで職員もいない。事務は東京交通サービスに委託している。東京交通会館は、有楽町駅前にある一五階建ての「東京交通会館ビル」を管理する会社で、交通局はこのビルから二一億四七〇〇万円の地代・賃料収入を得ている。常勤役員五人のうち交通局OBはゼロである。また他に直接の出資関係はないが財団法人東京都交通局協力会がある。業務は車両・駅舎清掃業務、駅売店業務など、常勤役員四人はすべて交通局OB、役員の平均年収は一一〇〇万円である。

「東京メトロが公表した役員の年収についてはわかりました。いわゆる連結対象の子会社ではありませんが、渋谷マークシティの四四％の議決権をもつ株主ですね（東京メトロは二八億三一〇〇万円の賃料収入を得ている）。その役員というか社長と取締役もメトロから行っているわけですね。子会社役員の年収一覧には渋谷マークシティの分が抜けています。厳密な意味で子会社ではないから抜けているということでしょうが、ではあらためてお訊ねします」

梅﨑社長の手元には資料がないようだ。

「当社の分はわかりました。他社の分（他に出資しているのは東急電鉄と京王電鉄）というと完全にはわからなかったものですから」

「子会社の分類が違うからということでは理由になりません。では確認してください」

協議会が終わる直前に梅崎社長のところに部下から情報が届いた。

「よろしゅうございますか。先ほど副知事からご質問がありました渋谷マークシティの役員の給与を申し上げます。当社から派遣している者だけですが、いずれも現役の出向でして、社長と取締役、二人平均して一三九九万円でございます」

どうせ訊かれるのだから最初から用意しておけばよかったのに。

東京メトログループが築いた独立王国の証拠は、職員の厚遇、ファミリー企業役員の独占にとどまらない。引きつづき一一月一七日の第三回協議会ではもう一つ、メトロの社宅に四一平方メートル2DKで家賃一万三〇〇〇円というものがあった。梅崎社長は世間相場をご存知ないようだ。

「恐縮ですが、一万円というケースというのは他社にもありまして、非常に古い施設ですね。ですからメトロだけということではないと思います」

いいえ。メトロだけです。

†ワンルームマンションの経営

東京の地下鉄全部を踏破した人は、いわゆる鉄道オタクの人を除けば、あまりいないと思う。自分の通学・通勤で利用する路線、あるいは営業などで得意先を回るコースなど、だいたい乗り慣れたところしか知らない。それでも都心なら、どの駅が乗り換えではかなり歩いてたいへんだ、などと体験しているはずだ。

例えば赤坂見附駅は同じホームで銀座線と丸ノ内線が乗り換えられ効率がいいな、と知っている。半蔵門線の永田町駅はそこから少し歩くが、まあそう遠くはない。ならば駅名は同じでよいのに片や赤坂見附駅でありもう一つは永田町駅である。変だな。つられて有楽町線も永田町駅なんだからとうっかり銀座線から乗り換えようとすると半蔵門線のホームを端から端まで歩かなければならない。おまけに最後に長いエスカレータがある。

有楽町線の話をしたい。一九七四年(昭和四九年)に池袋~銀座一丁目が開通したときは、新しい地下鉄ができたなあ、という実感があった。営団地下鉄は銀座線、丸ノ内線、日比谷線、東西線につづいて千代田線ができ、有楽町線はその後である。銀座へ行くには銀座線で、銀座八丁目は新橋駅から、銀座四丁目は銀座駅から、銀座一丁目は京橋駅からと頭に定着していたが、銀座一丁目駅ができて都心の交通網に対して個人的にも期待感が膨らんだものだ。銀座一丁目駅は中央公論社に近く、護国寺駅は講談社に近く、麴町駅は文藝春秋に近かったからである。

池袋駅始発だった有楽町線はその後、一九七二年に池袋駅から営団成増駅（現在の地下鉄成増駅）までが着工され（一九八三年開業）、一九七八年に営団成増駅から和光市駅までの区間が着工されている（一九八七年開業）。八〇年代に郊外へ、郊外へと伸びていった。

地下鉄は道路の下を通っているが、有楽町線は途中から住宅街の下を走って埼玉県和光市へ向かう。池袋駅から西武池袋線が西へ、また東武東上線も北西へと向かっている。両者の中間的なエリアに有楽町線が割り込んでいると思えばよい。

有楽町線は北西へ伸びて和光市駅で東上線と乗り換えできるようにつないでいる。また西武鉄道はもっと手前の小竹向原駅と練馬駅を結ぶために西武有楽町線という短い地下路線をつくった。和光市駅〜小竹向原駅間は、本来は現在の副都心線として計画されたものが有楽町線として暫定的に建設・開業されたのである。

有楽町線（副都心線）を郊外へ延伸する際に、池袋駅から小竹向原駅までは道路の下だが、その先は住宅地の下を掘り進めた。住宅の下を通る場合、営団地下鉄が土地を購入して用意した代替地に移ってもらうか、地上権を設定してそのまま元の地権者に住んでもらうというケースが多い。新線建設のために周辺に代替地を用意するのは道路建設と同じだが、代替地に移らずに地権者が地上権を設定して地上を利用しつづけると、用意した代替地は営団地下鉄の手元に残る。

池袋駅から郊外へ向けての有楽町線の建設は八〇年代だった。都心へ向かう有楽町線よりおよそ一〇年遅れであった。

八〇年代に購入した代替地が精算されずそのまま東京メトロの資産として資材置場の名目で塩漬けにされていたのだ。

代替地については、ふつうの人ならすっかり忘れている。突然、東京メトロによるワンルームマンション建設が始まり集中するのは二〇〇六年なのだ。民営化して二年後である。

図表⑰をご覧いただきたい。

右下で山手線との位置関係を示している。拡大したものが上の地図である。❶から⓮まで番号がふってあるが、❶から⓬までは代替地に建築された順番である（⓭と⓮は「変電所施設上空」とされている）。真ん中あたり、平和台駅から地下鉄赤塚駅方向に集中し、さらに左下図にそのエリアを拡大してみると❸❹❺❻⓭⓮が見える。

図表⑰　東京メトロ所有のワンルームマンション所在地
（有楽町・副都心線沿線、地図中の❶〜⓮）

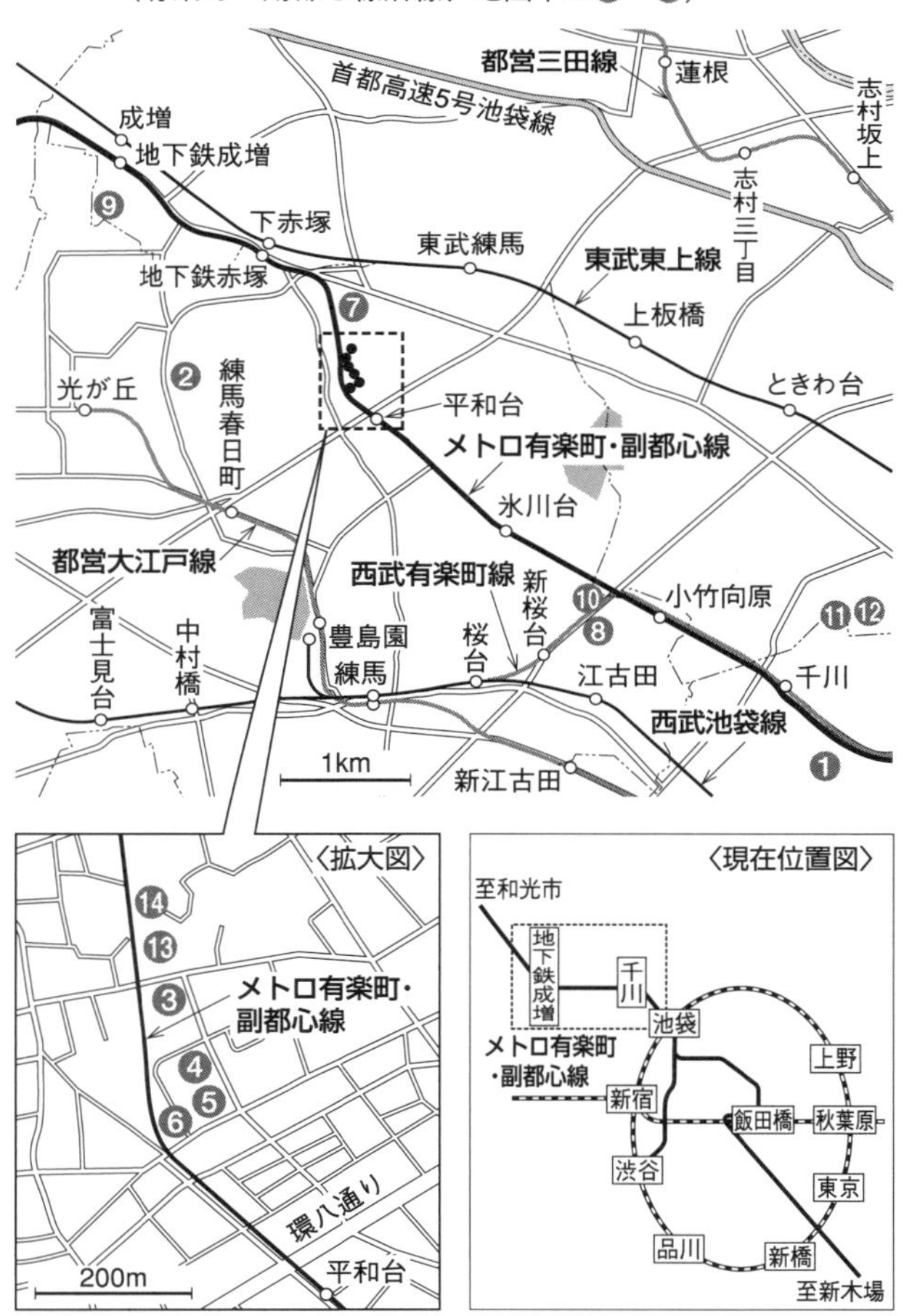

一一月一七日に開かれた第三回「東京の地下鉄の一元化等に関する協議会」で、僕はこの地図を示して発言した。

「年間七〇〇億円もの経常利益があり二〇〇〇億円もの剰余金もある、そういう優良企業の東京メトロはバリアフリー投資に消極的で、新線をつくらないというのだから混雑率にも有効な手立てを打っていない。にもかかわらず不動産投資にはずいぶん積極的ですね。池袋駅から西へ伸びる有楽町線ではワンルームマンションが二〇〇六年に集中的に急につくられている。地下鉄建設当時、用地買収した土地が、ずっと資材置場という名目で放置されていて、そして民営化されたとたんにですね、ワンルームマンションで収益をあげようとした。どこにおカネを使おうとしているのか。当然、こんなのは売り払ってバリアフリーのために還元すべきですよ」

地下鉄の建設に同意、賛同し自らの土地を提供した人たちは、二〇年以上が過ぎてメトロがワンルームマンション経営するとわかっていたわけではない。約束が違うだろう。

協議会における梅﨑社長の釈明を記録しておこう。

「オフィスが一一件、ホテルが三件、住宅一六件、その他七件の不動産でございますけれど、これらは出入口などの鉄道施設などがある土地の上空ですとか、あるいは鉄道建設に

図表⑱ 東京メトロ所有のワンルームマンション一覧
（有楽町・副都心線沿線）

	建物名	所在地	構造	間取り	建築時期	取得目的・経緯	
						活用場所	建築目的路線等
❶	メトロステージS千早	豊島区千早	RC造 地上3階46戸	ワンルーム ※21.4m²	2005.3	代替地・資材置場	有楽町線
❷	メトロステージS光が丘	練馬区田柄	RC造 地上3階51戸	ワンルーム ※29.8m²	2006.2	代替地・資材置場	有楽町線
❸	メトロステージS練馬北町2	練馬区北町	RC造 地上3階23戸	ワンルーム ※25.4〜25.6m²	2006.3	代替地・資材置場	有楽町線
❹	メトロステージS練馬北町3	練馬区北町	RC造 地上3階10戸	ワンルーム ※24.0〜24.4m²	2006.3	代替地・資材置場	有楽町線
❺	メトロステージS練馬北町4	練馬区北町	RC造 地上3階6戸	ワンルーム ※22.2m²	2006.3	代替地・資材置場	有楽町線
❻	メトロステージS練馬北町5	練馬区北町	RC造 地上2階4戸	ワンルーム ※19.6m²	2006.3	代替地・資材置場	有楽町線
❼	メトロステージS赤塚	練馬区北町	RC造 地上4階38戸	ワンルーム ※25.1m²	2006.3	代替地・資材置場	有楽町線
❽	メトロステージS新桜台	練馬区小竹町	RC造 地上4階15戸	ワンルーム ※19.2〜19.5m²	2006.3	代替地・資材置場	有楽町線
❾	メトロステージS成増	板橋区成増	RC造 地上4階24戸	ワンルーム ※20.0〜22.1m²	2006.3	代替地・資材置場	有楽町線
❿	メトロステージS小茂根	板橋区小茂根	RC造 地上4階14戸	ワンルーム ※24.7m²	2006.3	代替地・資材置場	有楽町線
⓫	メトロステージS千川1	板橋区幸町	RC造 地上3階5戸	ワンルーム ※23.4〜24.1m²	2007.3	代替地・資材置場	有楽町線
⓬	メトロステージS千川2	板橋区幸町	RC造 地上3階8戸	ワンルーム ※20.2m²	2007.3	代替地・資材置場	有楽町線
⓭	メトロステージS練馬北町1	練馬区北町	RC造 地上3階39戸	ワンルーム ※24.9〜25.1m²	2005.3	変電所施設用地上空	有楽町線
⓮	メトロステージS練馬北町6	練馬区北町	鉄骨造 地上3階38戸	ワンルーム ※24.6m²	2008.9	変電所施設用地上空	有楽町線

おきまして資材置場などとして取得した土地のうち、鉄道事業として使用しなくなったものなどの有効活用でございます」

そういう一般論ではない。図表⑱をご覧いただきたい。

二〇〇五年に❶のメトロステージS千早と⓭のメトロステージS練馬北町1が完成した。翌二〇〇六年二月に❷のメトロステージS光が丘、三月には❸のメトロステージS練馬北町2から❿のメトロステージS小茂根までが同時に完成した。「鉄道施設などがある土地の上空」とは、この一覧で言えば、変電所施設用地（変電設備は地下）の上にマンションを建てた⓭⓮のことを指している。しかしごく一部である。

地下鉄会社がワンルームマンションを経営する必要はないと思う。以下、梅﨑社長の釈明はつづく。

「有楽町線の沿線の住宅物件でございますが、そもそもは都道の放射三六号の道路の建設工事と同時に進めていたものでございますけれども、道路計画の反対運動が激化しまして地下鉄工事を先行せざるを得なくなりまして、そういうところから、東京都と協議の上に、当社が地権者からの要求に応えるために、代替地として取得したものであります。その後、半蔵門線、南北線の建設に当たりましても、代替地として保有したほうがよいとの判断で保有しておりました。もちろんいらないものは売却してまいりましたが、一部は残しておった部分でございます。民営化後は、この路線には大学が多いというところから、売却するよりも学生マンションとして活用するほうが適切であると考えて開発したものであります。投資額はあわせて一〇億円で決して多額な投資ではないと考えています」

ちょっと違う。変電所施設用地につくったワンルーム二棟の建築費二億六〇〇〇億円が含まれていない。また一二棟のワンルームの建設費は一〇億円でなく一一億円である。合計すると一三億六〇〇〇万円である。それだけではない。土地代は含まれていない。ちなみにメトロ側が提出した❶から⓬までの土地は約五〇〇〇平方メートル（一五〇〇坪）で簿価は八億二一〇〇万円である。時価でおよそ一八億円。建築費と土地代を合計すると三〇億円を超える。

†駅ビルに保育所をつくれ

「一〇億円で決して多額な投資ではない」と梅崎社長は言うが、実際には三倍の三〇億円であり、バリアフリーへ投資するならそれなりに多額の投資になるであろう。

ワンルームマンションは賃貸住宅である。資材置場であったら売却することができたがいまは借主がいる性格上、処分することは難しい。賃貸住宅のなかでもワンルームマンション（一戸当たりの床面積が三〇㎡程度）は主に資産活用を目的に開発された商品で、有価証券などと同様、投資的要素が強い。

東京都としては高齢者向けのケア付き住まいやファミリー向けの住宅をなんとか確保しようとしていて、二三区がそれぞれワンルームマンションを規制する条例や要綱を設けているような時勢に、完全民営化後ならいざしらず、まだ公的な位置づけの会社が、自分の経済合理性だけを考えてワンルームマンションビジネスに触手を伸ばしていくことは都市政策の観点からも妥当ではない。

投資目的のワンルームマンションは学生など若い世代の単身者を入居者ターゲットにしている。部屋を細切れにして売れば単位面積当たりの賃料が高くなり、投資効率がよいのかもしれない。だが、東京メトロがやるべき投資は、地下鉄のバリアフリー率を高めるための投資であり、それに徹するべきである。不動産投資をする場合であっても、高齢者のケア付きマンションなど公共性を考えたまちづくりを優先すべきなのだ。だがそういう発想がこれっぽっちもないことにあきれ果てた。

拙著『東京の副知事になってみたら』に記してあるが、二〇〇九年に「少子高齢時代にふさわしい新たな『すまい』実現プロジェクトチーム」をつくった。東京都に住む七五歳以上の高齢者は、二〇〇〇年時点で七五万人だった。二〇二五年には、この数字が二〇〇万人に膨らむ。あと一五年経てば、団塊の世代が七五歳を過ぎるのだ。四人に一人が高齢者の時代になると、高齢者のみの世帯が増える。介護が必要な高齢者の急増も見込まれている。そのためには「在宅か施設か」という二者択一ではなく、ケア付き賃貸住宅の整備を急がなければいけない。

国土交通省の住宅政策と厚生労働省の福祉政策を融合させ、国の規制を緩和させ、民間企業が参入しやすいような東京モデルが実施に移されている。

この章のしめくくりとしてもう一つ。東京メトロは青山に高層ビルのホテルをつくったり、デパートのようなEsola池袋をつくったりする余裕があるなら、駅ビルに保育所をつくればよい。東京都には、国基準の保育所では足りず、別に東京モデルとして規制を緩和してつくられた認証保育所があり、民間の事業者が進出している。東京メトロは公共機関であり、利用者にも便利な認証保育所をつくる役割を自ら買って出る責任があるだろう。子育てし、老いていく、働く都市生活者のライフスタイルに、東京メトロの好収益は支えられているのだから。

第４章

新橋駅「幻のホーム」

運賃も別々になっているので利用者を第一に考えていない、と縷々述べてきた。

†「あたかも同一経営主体」の意味

「はじめに」に示した朝日新聞のインタビューで「一九五八年（昭和三三年）に東京都が地下鉄の免許を得た時、当時の国の審議会の答申には、経営主体が二つになっても運賃は同一経営主体の地下鉄を利用する場合と同様にすべきだと明記されていた」と述べた。

もう少し正確に表現をつけ加えておけば、答申は「首都における陸上交通機関を適当な経営主体のもとに合同せしめ（略）総合的統一経営により事業の合理化及び公衆の利便の増進を図ることが望しい。（略）将来における合同の理想は、必ず実現すべきもの」と明記しているのである。営団と都営との二元体制は、「現下の急迫せる交通事情を打開」するための「差し当り」の暫定措置と想定されていた。だから運賃についても「負担の公平性及び便益性に留意し、あたかも同一経営主体」（都市交通審議会の第一号答申、一九五六年八月一四日）にするようにと記されているのだ。

経済白書が「もはや〈戦後〉ではない」と謳った年である。終戦が一九四五年（昭和二〇年）八月一五日だから、ようやく一〇年余で「もはや」という感慨がにじみ出ている。空襲により一面が焼け野原になっていたがビルが建ち始めている。一〇年とはそういう歳月である。

「戦後日本経済の回復の速やかさには誠に万人の意表外にでるものがあった」のである。「もはや〈戦後〉ではない」というフレーズは流行語になったが、いまでは忘れられかけていて全文が読まれることはなくなった。きわめて象徴的な文章があるので紹介したい。

こういう文章がつづく。

「われわれはいまや異なった事態に当面しようとしている。回復を通じての成長は終わった。今後の成長は近代化によって支えられる」

さらに、近代化は「その遂行に伴う負担は国民相互にその力に応じて分け合わねばならない」と、政府だけでなく国民もまた負担を含めて新しい近代化の時代に参加せよと求めているのだ。「近代化とは自らを改造する過程である。その手術は苦痛なしにはすまされない。明治初年われわれの先人は、この手術を行って、遅れた農業日本をともかくアジアでは進んだ工業国に改造した」と説いていたのであった。

一九五六年は三島由紀夫が『金閣寺』を書き上げ、その天才ぶりを遺憾なく発揮して文壇に確固たる地位を築いた年であった。また石原慎太郎が『太陽の季節』で最年少の二三歳で芥川賞を受賞し、戦後の新しい青年像が社会的事件として華々しく登場した年でもある。戦争は遠い光景に見えた。

焼跡・闇市の東京には建設の槌音（つちおと）が響き、自動車が警笛を鳴らしながら幹線道路を跋扈（ばっこ）し始めている。路面電車は渋滞に巻き込まれ信頼性を失い始めた。路面電車を撤去して地下鉄とバスにより代替させるべきだという声が高まってきたのである。

戦争から一〇年という時間の経過だけが「戦後」を追放したわけではない。それを物語る生活水準が指標であった。「もはや〈戦後〉ではない」は、実質国民所得が戦前のピークである昭和九年から一一年（一九三四年から一九三六年）の水準を上回ったことが、根拠の一つとされた。

路面電車のうち東京市営の軌道だけで総延長が三三三キロメートルに達していたのは昭和八年（一九三三年）なのだ。ただし自動車は極端に少ない時代だ。現在の東京の地下鉄総延長（東京メトロと都営地下鉄）は三〇四キロだから、ようやく路面電車の代替作業を終えたとも言える。生活水準は一〇年で戦前のピークに追いついたけれど、近代都市に生まれ変わるための交通政策には多大なコストが求められてきた。

「近代化とは自らを改造する過程である。その手術は苦痛なしにはすまされない」のである。苦痛にもいろいろあるが、もっとも大きな苦痛は資金不足であった。

戦後、東京の人口は急激に増加した。敗戦の昭和二〇年には三五〇万人であったが、昭和二五年には六三〇万人に膨らんだ。その後、毎年四〇万人ほど増加していき、昭和三〇年（一九五五年）には八〇〇万人となり、一〇〇〇万人を超えるのは時間の問題だった。現在の東京都の人口は一三〇〇万人、通勤地獄が解決されたわけではない。

一九五六年（昭和三一年）に都市交通審議会が、東京都にも地下鉄の免許を与える方向で、営団地下鉄と「将来における合同の理想」を目指し運賃を「あたかも同一経営主体」にするようにと答申を出し、その二年後に免許を与えたのは、膨張する東京の人口と路面電車の機能麻痺による通勤地獄の解消のためであった。

戦前につくられた銀座線に加え、戦後に建設が再開された丸ノ内線はようやく池袋から東京駅まで開通したところだった。山手線の三大ターミナルのうち渋谷駅には地下鉄銀座線があり、新宿駅には中央線があってそれぞれ銀座や丸の内へと向かっていた。池袋には都心へ向かう直行路線がないので地下鉄丸ノ内線の起点駅として池袋駅が選ばれた。

ここまで地下鉄は二路線しかない。そこで、事業者として営団地下鉄だけではなく東京都が、三番目の路線を受けもった。浅草〜日本橋〜新橋〜泉岳寺と、ダウンタウンを南北につらぬく路線、押上駅から西馬込駅までを受けもつことになった。

答申の趣旨は、手分けしてつくれ、資金と労力、それぞれもてる力を使ってつくれ、である。間に合わないなどと言っていられない、間に合わせないとならないのだ。日本国は急な経済成長の道を突き進み、東京の人口は風船のように膨らみ始めたのだから。

東京メトロ、というよりは帝都高速度交通営団と都営地下鉄はこうして二頭立ての馬車のように、といっても都営地下鉄は急遽、出馬したかたちなのだが、二つの事業体が別々に走り始めた。ただ向かっているゴールは一つのはずだった。都心の通勤地獄の解消である。

現在、新しい地下鉄網の計画はない。新規建設は予定されていない。東京メトロは副都心線を、都営地下鉄は新たな地下の環状線として機能する大江戸線を最後として、東京における地下鉄建設は終了したのである。

そうであるならば、両者を統合させる時期が到来したと考えなければおかしい。

†「幻のホーム」は二つの地下鉄会社統合の結果

ここで、そもそも地下鉄は誰のものか、という本質的なテーマに近づきたい。都心で地下鉄を建設するには膨大な資金が必要である。郊外の私鉄は、ある意味では未開拓の田園地帯に鉄道を敷くだけと考えてよい。だが、都心にえんえんとトンネルを掘りつづける場合は、コストが高く技術も必要で、ただ平地にレールを敷くだけの建設とは大きく異なる。

ただし、都心には利用者が必ずいる。建設資金さえ手当てできれば、いつでも満員御礼状態だから運賃収入は保証される。すでに触れたが都心は金城湯池である。その金城湯池に、誰がどんな条件で事業参入できるか、当然ながら公的な助成を受けるわけだから、どういうかたちで公共性を担保するのか、そこが肝心なところだ。公的助成を受けたなら、利用者にどう還元するのかを示さなければいけない。高層ビルに投資したり、ワンルームマンションをつぎつぎと経営したりする前に、誰のための地下鉄かを考えなければいけない。

そこで少し歴史を遡って、地下鉄一元化の出発点を振り返るために、いまも新橋駅に残る都市の遺跡を覗いてみることにしよう（図表⑲）。

新橋駅にはいまも「幻のホーム」が存在している。これについては、拙著『土地の神話』でも書いた。

「読者のなかにきっとこういう経験者がいるはずだ。地下鉄銀座線虎ノ門駅から新橋駅に向かうとき、のめって読みかけの新聞紙で鼻の頭を叩くとか不用意に他人の足を踏みつけたり、というような。もう少し説明を加えよう。虎ノ門を出てもうすぐ新橋だな、と思うころに電車はガタンと大きく傾く。正確に表現すると新橋駅プラットホーム端から二五〇メートルほど虎ノ門寄り地点に急カーヴがあるのだ。朝夕のラッシュ時の通勤客は、急カーヴのためにかなり辛い目に遭う。

新橋駅にはいまは使われていない秘密のプラットホームがある。虎ノ門から来た電車が新橋駅に進入する際、本来は直線で入って来るはずなのに、そこへの進入を避け、現在のプラットホームにつけようとするために急カーヴがつくられた」(『日本の近代・猪瀬直樹著作集第6巻』小学館刊に収録)

「幻のホーム」への入口は、新橋駅地下道の「8番出口」の近くにある、何の変哲もない鉄扉だ。その先には、人気のない暗い空洞が口を開けているとは想像できない。

使われていないプラットホームと、行き止まりの留置線が残されている。

ホームの壁はクリーム色のタイルで、駅名標の「橋新」の文字には青い縁取りのタイルが貼られている。戦前につくられたホームだから「新橋」ではない。戦前は右から読むの

図表⑲　新橋駅の「幻のホーム」

上　「幻のホーム」に残るタイルの駅名標を解説する筆者。
下　上から見た配線図と横から見た断面図。

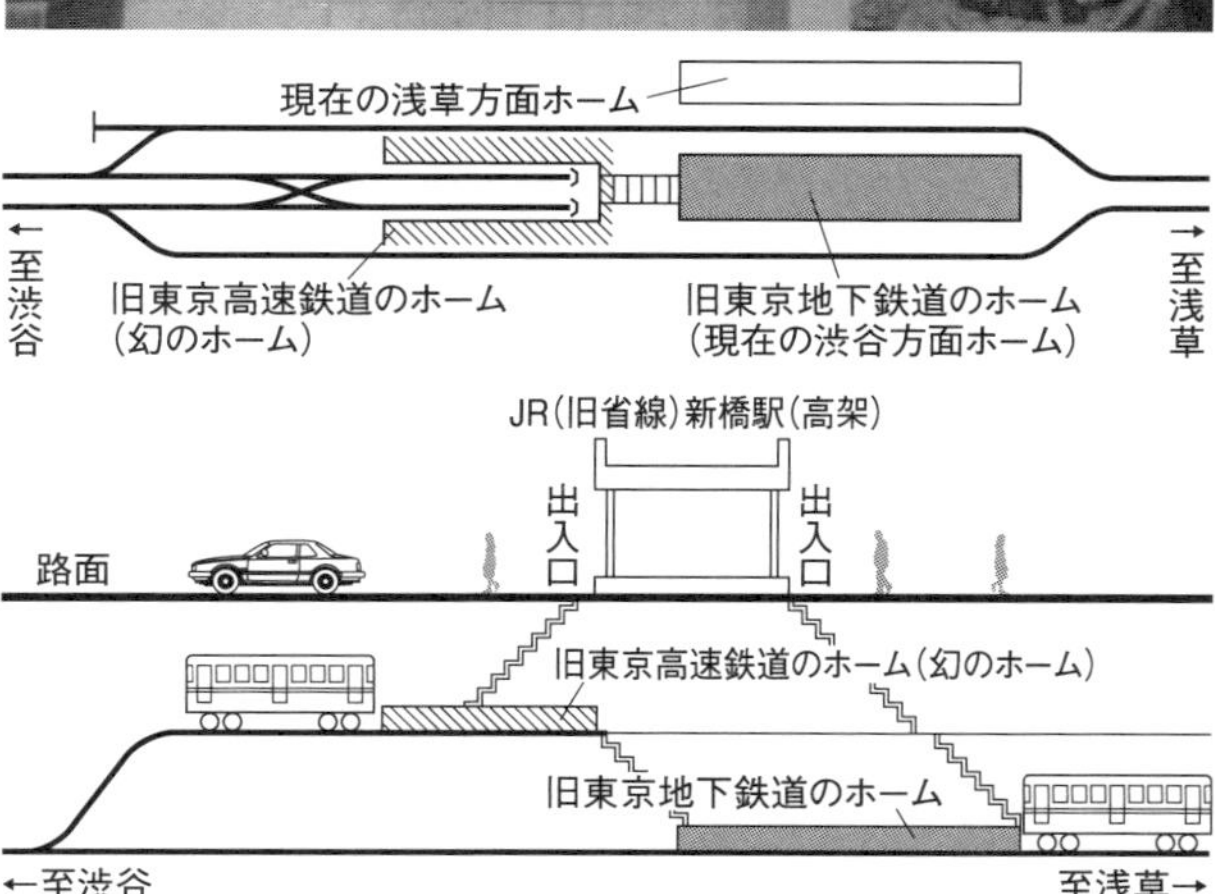

がふつうであった。

新橋駅の「幻のホーム」は、分断されていた新橋駅を統合した名残である。地下鉄一元化を最初に達成した記念碑的な空間だ。「幻のホーム」は、戦前の利用者無視の遺跡なのである。

大正から昭和にかけて、西武や東急や東武などの私鉄が、山手線沿線のターミナル駅から郊外へどんどん線路を延ばした。ところが、東急の五島慶太だけが当時、東京随一の繁華街・浅草を目指して、渋谷から山手線の内側に進出しようとした。

いっぽう日本初の地下鉄をつくった早川徳次は、地下鉄の理想を掲げて、浅草から掘り始め、新橋で五島慶太の地下鉄とぶつかった。

浅草までの直通運転をしたい五島と、それを拒む早川が対立し、両者は壁一枚隔てた別々のホームで新橋駅を営業した。その名残が「幻の新橋駅」である。

五島は、早川の東京地下鉄道を乗っ取ろうとたくらんだ。そこに仲裁に入ったのは、当時の鉄道省監督局総務課長だったのちの首相、佐藤栄作だ。佐藤は喧嘩の仲裁をするというより、二人から地下鉄を奪って、昭和一六年（一九四一年）に私鉄や国、都が出資する帝都高速度交通営団を設立したのである。

二つあった地下鉄会社は、ここでいったん一元化されて「幻のホーム」が残った。概要はそうだが、その経緯には今回の一元化のヒントが隠されている。

†鉄道敷設免許は利権

東急電鉄の始祖は五島慶太である。〝強盗慶太〟と呼ばれた。『ミカドの肖像』で描いたように、戦後、皇族の土地をつぎつぎと奪ってそこにプリンスホテルを建てていった西武鉄道の始祖は堤康次郎である。ピストル堤と呼ばれた。

強盗慶太とピストル堤、尋常な綽名ではない。五島は明治一五年（一八八二年）生まれで、明治二二年（一八八九年）生まれの康次郎より七歳も年長だった。堤康次郎は強盗慶太に脅威を感じていた。

強盗がほんとうだからだ。田園調布のループ状の街並みは、渋沢栄一の四男秀雄が大正時代につくった田園都市株式会社の事業だった。秀雄が手がけたのは理想的な分譲宅地の造成であり、そのためにロンドンやサンフランシスコ郊外の田園都市を視察して計画を練った。だが住宅ができても都心へアクセスできる鉄道がなければ意味がない。

そこで鉄道を敷くために、鉄道院総務課長を務めた五島慶太が呼ばれた。

のちに〝強盗〟と揶揄される五島は、丸坊主で首が太く、丸い顔に小さな眼鏡がちょこんと乗っている。口をへの字に曲げている写真を見ると、縁無しの眼鏡はむしろ愛嬌で、油断なく光る眼を遮断するのに役立っている。

五島が役人を辞めたのは、大正九年五月一五日に逓信省の一部門だった鉄道院が鉄道省として独立するわずか四日前であった。

三八歳の五島が役人としての栄達に見切りをつけた背景を憶測すると、官庁に入った年齢がふつうより高かった点を見逃してはならない。旧制中学を卒業後、故郷の長野県青木村で代用教員を二年経験したあと、東京高等師範を卒業、四日市商業学校に赴任して英語教師になった。それにあきたらず一年で辞め、第一高等学校・東京帝国大学法科と遠回りして霞が関に到達したときすでに二九歳であった。入省年次がものをいう官僚機構のなかではハンディキャップを抱え込んでいたことになる。だがもっと積極的な転職の動機を探ってみたい。

役所の世界での出世よりも、日本近代化の重要な転機に気づいていたのだ。

そもそも江戸時代には鉄道がない。当然である。鉄道は日本が近代国家になってからつくられた。新橋〜横浜間わずか二九キロメートルの新橋横浜官設鉄道が開通したのは明治五年(一八七二年)だが、半世紀後の大正八年(一九一九年)度末には国有鉄道の総営業キロ数は一万キロメートルに迫ろうとしていた。既定の幹線にかかる予定線はほぼ完成していた。こうした背景のもとで、地方開発のための幹線と幹線を結ぶ地方支線網の整備が課題となり、その総延長は一万キロメートル強と予測され、既定の幹線を上回るはずであった。

新たに始まる膨大な鉄道事業を運営し、総合的・能率的な鉄道行政を確立するためにこれまでの鉄道院は逓信省の一部門ではなく鉄道省という大きな役所へと転換した。国有鉄道の充実とは別に私鉄敷設のために地方鉄道法がつくられた。公布は大正八年四月九日である。

五島の退職一年前だった。地方鉄道法は五島が中心になって立案していたから、あたかも自分の退職後を予定したかのようであった。地方鉄道法は、それまでの私設鉄道法と軽便鉄道法を廃止してつくられた。旧私設鉄道法には会社の設立から経営まで細かな規定があった。国有鉄道(国鉄)のライバルをつくらないためである。あまり厳しくしすぎたため民間参入がしにくく敷設免許の出願がなくなり、あわてて新しく手続きが簡単で開業五年間は収益の一部を保証するという軽便鉄道法をつくった。

軽便鉄道はレールの幅（軌間）が七六二ミリ以上あればよい（のちに詳しく述べるが地下鉄の線路幅にはJRと同じ一〇六七ミリ、都電と同じ一三七二ミリ、新幹線と同じ一四三五ミリと主に三種類ある）。民間の事業者は軽便鉄道の敷設免許に殺到した。

軽便鉄道は地方の市街地と温泉を結ぶための路線として簇生（そうせい）した。軽井沢から草津温泉に抜ける草軽電鉄もそうだし、宮沢賢治が利用した花巻電鉄も七六二ミリの狭軌で、車両も定員二四人、車内幅が一三六〇ミリ（一・三六メートル）しかなく、前から見ると馬の顔のようで馬ヅラ電車と呼ばれた。向かい合って座ると膝がぶつかるぐらいの狭さだった。

私設鉄道法にもとづいて建設された大都市の路線も軽便鉄道線へ移行する始末だった。そういうなかで私設鉄道法と軽便鉄道法の二つを廃止し、地方鉄道法をつくって再構築することにしたのである。

五島が役所で立案した地方鉄道法は、政府の権限を弱めて会社の自主性を尊重するものだった。とはいえ鉄道会社は、ふつうの会社と違って敷設免許と会社は一体の存在といえた。東京近郊の鉄道会社は、ほとんどが五島が鉄道院時代に敷設免許を与えたようなものだった。

全国の鉄道地図が頭に入っていれば、人口が急増している首都圏エリアのどこを獲れば採算が合うか、ライバルが少ないか、未来の透視図ができあがるのである。

五島にとって経済性の低いローカル線の建設が地方振興、富国強兵の国策であることは承知していたとしても、そうした国策がいずれ国有鉄道の経営を窮地に陥れると容易に考えられた。いっぽう、東海道線のような幹線には第二、第三の並行線をつくっても儲かるし、大都市周辺の鉄道網は国の重点政策から外されていたから、そこに私鉄幹線網をつくれば確実に採算がとれると予測できる。私鉄の時代がくるという予感。これから儲けが出るのは私鉄だという確信。その主役になるという野心。自分だけが知っている金城湯池をむざむざ放置しておいてよいものか、そんな想いが五島の脳裡をよぎったのではないだろうか。

東京近郊に目蒲電鉄がつくられ、東横電鉄もつくられたが、会社がつくられても敷設免許だけがあって実体はない。敷設はこれからで、二つの電鉄会社の金庫はカラだった。だが田園都市株式会社の分譲住宅が売れるとその資金はすべて二つの鉄道会社に流れていった。鉄道が開通すると田園都市株式会社は消滅して渋沢秀雄は追われ、二つの鉄道会社の社長に五島慶太が座っていた。さらに池上電鉄や玉川電鉄の株式も買収し、東急王国が生まれる。

五島は、資本主義を弱肉強食だと信じていた。自分に有利ならばなんでもやった。渋谷の東横百貨店（現東急百貨店東横店東館）はもともとは川が流れていたところだ。橋の「幅員拡張願い」を当局に出した。承認を得て幅員拡張工事を実施した。工事が終わるとその場所をバスの折り返し場に使用したいと申し出る。許可されると、では雨天の場合に利用者を保護しなければと迫り、屋根の建築を申請する。どうせなら屋根の上に食堂や売店を設置すれば利用者は待ち時間に買い物ができるではないか。これで二階建てが決まった。地震がきたらどうする、鉄筋コンクリート造りなら大丈夫だ。鉄筋なら五階建てでも従来の二階建てよりも安全ではないか。既成事実の積み重ねはとどまるところをしらない。そういう人物である。

目蒲線をつくり、東横線で田園調布から横浜を結び、つぎに田園調布から渋谷までをつくって山手線と接続したのは昭和二年（一九二七年）であった。渋谷駅はまだ木造二階建てだった。東横沿線に学園を誘致し、競合する私鉄路線を吸収し、強引にターミナルデパートをつくった五島は、それぞれの施策を個々に展開していったのではない。鉄道敷設を自己目的化する点と線の延長よりも、沿線全体を面としてとらえる不動産業としての展望にもとづいていていた。

渋谷あるいは目黒を起点とする鉄道沿線が彼のターゲットであった。だが、田園都市の住人たちの勤務先は銀座、新橋、有楽町、丸の内、京橋、日本橋界隈である。また、盛り場も新宿や六本木ではなく上野、浅草方面の下町に接していた。渋谷にはオフィスも飲食店も少ないばかりか、祝祭空間としての機能もない。本来の意味でのターミナルステーションの役割を担いきれていない。渋谷はまだ小さな乗換駅でしかなかった。沿線住民のニーズを満たすには、直接都心まで乗り入れる必要があった。

そのためには環状線すなわち山手線を横切らなければならない。五島が東横線の延長として地下鉄を発想するようになるのは、必然的な流れといえた。

†地下鉄に憑かれた男・早川徳次

もともと山手線はその名の通り山手（やまのて）を走っている路線にすぎない。環状運転を始めたのは大正一四年（一九二五年）からだ。神田駅と上野駅が開通したので環状運転が可能となった。それまで東北線の始発は上野駅で、東海道線の始発は東京駅だった。こうして京浜東北線ができるのだが、もともとの山手線は品川から埼玉方面へ抜けるバイパスでしかなかったのである。

山手線は文字通り、人家が疎らなエリアを走っていた。市街地は品川、新橋、東京、上野を結ぶラインの東側にある。したがって、江戸における城郭は一般居住者にとっては西方に位置した。これは案外に見落とされている重要なポイントなのだ。最初、つまり明治天皇が東上したばかりの時点で、皇居は決して東京の中心ではなかったのである。

江戸の人口は一〇〇万人足らずだが、明治時代末で東京は二〇〇万人を超え、大正末から昭和初期にかけて一気に膨れ上がり、昭和七年に北豊島、荏原、豊多摩、南葛飾、南足立の五郡八二町村を合併して大東京市が成立したときには、六〇〇万人近くになっていた。急激な人口増加の主たる原因の一つが、都心から郊外にかけての鉄道網の充実であった。

通勤可能なエリアが無限定に拡大し始める。拡大の中心は西と南である。東は荒川までが旧市域で、拡張してもせいぜい江戸川までだった。江戸川を越えると、山本周五郎の小説に描かれた浦安の漁師町の鄙びた世界が待っていた。西は八王子の先で山岳に衝突するまで。南はひとまず多摩川が障壁になるが、苦もなく横浜につらなっていく。

その結果、皇居の位置は地理的にもしだいに東京の中心に移行する。江戸城が皇居として新しい色彩を帯びて輝き出すのは、モダン東京の風景のなかにおいてである。

東京が他のアジア諸都市と決定的に異なる発展の仕方をした一つの原因は、鉄道網の充実を選択したからに違いない。

五島の東横線が渋谷駅に到達した昭和二年の年末、一二月三〇日に浅草駅から上野駅までわずか二・二キロメートルであったが、日本で初めての地下鉄が走った。東洋初というものめずらしさも手伝い、ちょっとした地下鉄ブームが起きた。

一日に一〇万人もの客が押し寄せ順番待ちの長い列が街路にまであふれた。一時間以上並ばないと乗れないほどの盛況であった。「フランス陸軍服から型をとった服装の車掌五〇名をはじめ社員五六〇名テンテコ舞い」（東京朝日、昭和二年一二月三一日付）の体だった。その後、昭和四年一二月に上野～万世橋、六年一一月に万世橋～神田、七年四月に神田～三越前、同一二月に三越前～京橋、九年三月に京橋～銀座、同六月に銀座～新橋と路線が延長されていく。

銀座の風物を田中比左良の絵と西条八十の詩で綴った「唄の銀座に絵の銀座」（『主婦の友』昭和九年五月号）にも地下鉄は取り上げられている。地下鉄はおしゃれの代名詞になっていた。

「洞穴(ほらあな)の口でランデヴー／土龍(もぐら)の恋ぢやありません／モダン銀座の景色です（略）／彼女左翼ぢや無いけれど／今日恋人と手をとつて／地下に潜入いたします」。銀座にモダンガール、モダンボーイが闊歩していた。『資本論』のカール・マルクスですら先端の流行思想としてとらえられていた側面もあり、それにかぶれた青年はマルクスボーイと呼ばれた。マルクス主義は治安維持法下では御法度なので、公然と活動すれば逮捕される。当局の眼に触れないように活動したので、それを地下活動と呼んだ。「彼女左翼ぢゃ無いけれど」とは、地下鉄と地下活動をダブらせたもので、どちらも新しい時代の風俗なのであった。

浅草〜新橋間が開通したことで新しいスタイルの鉄道としていちおうの恰好がついたのである。後発の五島側の地下鉄・東京高速鉄道は、そうした時期にスタートする。

日本の地下鉄建設の草分けは五島より一歳年長、明治一四年生まれの早川徳次である。一七〇センチで体重が一〇〇キロ近いにもかかわらず、転身が素早く行動力のある人物だった。早大卒業後、満鉄総裁の後藤新平の下で満鉄秘書課や鉄道院の中部鉄道管理局に勤めた。さらに東武鉄道系の佐野鉄道、高野登山鉄道の支配人を経て、鉄道と港湾を調査する目的で外遊。大正九年八月、土木界の重鎮である古市公威(ふるいちこうい)男爵を社長に迎え東京地下鉄道株式会社を創立した。やがて東京・南青山の根津美術館にその名を残す東武鉄道オーナー根津嘉一郎を社長に呼び込み、官界に睨みをきかせるために鉄道省次官を勇退したばかりの中川正左を副社長に迎え、自らは専務におさまった。

早川は地下鉄に憑かれた男である。

「最初英国に渡り、ロンドンの交通状態を調べて、（略）地下鉄の実情を見学し、その完備に驚き、将来の都市交通機関はこれを措いて他にないことを発見し、ここにおいて日本に帰ったら東京に地下鉄を作る決心を固めた。それからグラスゴーやパリの地下鉄をも調査し、更にアメリカに廻り、ニューヨークの地下鉄を見学して、大正五年に帰って来た。これから彼の血のにじむような活動が開始された。まず東京市内の交通量の調査による路線の決定、地質、湧水、地震等から見た地盤の技術的調査、地底掘削の方式、建設費用の計算、会社設立計画書の作成、そしてこれを具体化するについての協力者、援助者、斡旋者の物色とその説得、役所関係、東京市会関係等その前途にはいろいろ面倒な問題が横たわっている。難関また難関、まったく荊棘の道であった。だが早川氏は悪戦苦闘よくこの難関を突破し、一介の青年の夢物語に過ぎないと言われたこの前人未踏の境地に、初の鍬入れをして遂に東京地下鉄道株式会社の設立まで漕ぎつけた」（『中川正左先生伝』）

地下鉄がいかに馴染みが薄かったか、その建設を実際に始めることがどれほどたいへんだったか。本人の述懐が『東京地下鉄道史』に収録されているので紹介する。

「早川は山師でホラ吹きだといわれたが、しかし、福沢諭吉先生が御自分からホラをフクザワ嘘をユウキチといって居られたが、後には社会から先覚者として尊敬せられたではないか。こう考えて世間の蔭口など私も気にはかけなかった」

先覚者早川の敵は、世間の無知ばかりではなかった。地下鉄が夢物語ではなく現実化してくると新規参入者が立ちはだかってきた。

†東京市との競合

最初の競合者は東京市であった。東京市は山手線内側の鉄道敷設権を独占していた。ところが市営地下鉄敷設計画は財源問題で行き詰まる。そこで大正一五年八月、東京地下鉄道の建設を担当していた大倉組取締役門野重九郎(ちょうきゅうろう)、脇道誉(みちたか)と小田原急行鉄道社長利光鶴松が組んで、資本金二五〇〇万円で東京高速鉄道を設立して東京市の有する地下鉄敷設権を代行出願すべく画策した。

早川は驚いた。東京地下鉄道の工事を担当している大倉組の役員が、こともあろうに新会社の発起人になったからだ。結局、早川の工作が実って東京市はこの出願を却下する。その結果、地下鉄敷設権が入手できなかった門野らの東京高速鉄道設立は水泡に帰した。

だが決着はついたわけではない。大倉組にとって施主は誰でもよかった。工事量が多け

図表㉔ 新橋駅をめぐる争い

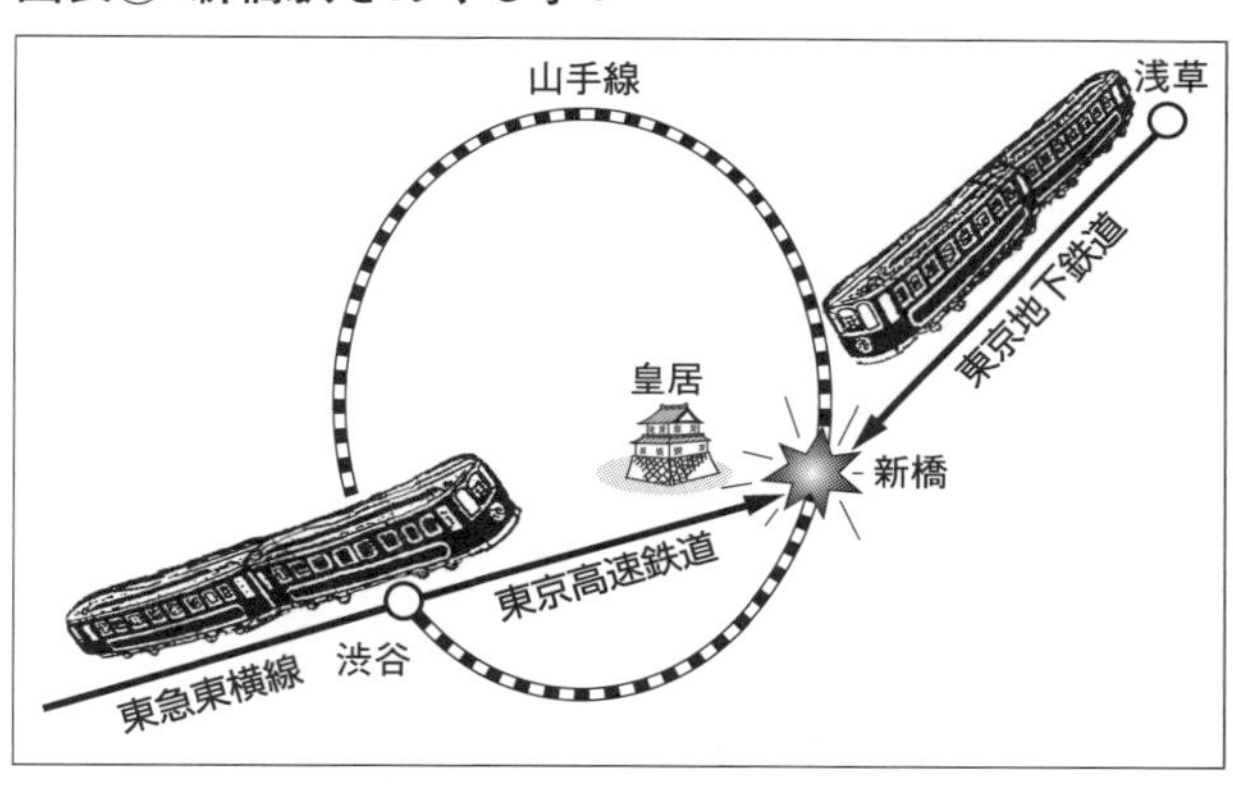

ればいいのだ。また、小田急にかぎらずそのほかの私鉄もこれを機会に山手線内側の鉄道敷設権を入手しようとたくらんだ。昭和六年一二月、門野らは再び東京高速鉄道設立を目指して永田秀次郎東京市長と交渉した。

その結果、東京高速鉄道は将来において早川の東京地下鉄道と合併する条件ならということで、東京市の免許線のうちつぎの三線を譲り受けた。

①渋谷線（渋谷から新橋を経て東京駅に至る約八キロメートル）

②新宿線（四谷見附から麴町を経て築地に至る約八キロメートル）

③連絡線（四谷見附から赤坂見附に至る約一キロメートル）

東京市が譲歩したのは、浜口雄幸内閣の地方財政整理緊縮方針で起債認可申請が昭和四年八月、翌五年九月と再度にわたり却下されたためだった。また市電が赤字であり、そのうえで地下鉄を敷設しても、路面電車ともども収支悪化が予想されたからだった。東京市は東京高速鉄道に対し、昭和八年九月三〇日までに会社を設立する、という条件を付して権利を譲った。ところが、東京高速鉄道のほうも資金調達が芳しくなく、契約違反だと咎められたが、ようやく一カ年の期限延長を認められるのである。

大倉組の門野取締役は、第一生命社長矢野恒太に泣きついた。矢野は援助に当たって「東横電鉄の五島専務が参加し、計画完成の見通しがたつなら」との条件を出した、と『東京急行電鉄五〇年史』に書かれている。

このあたり、裏工作はつまびらかにしていないが五島が暗躍したと思われる。元はと言えば、五島が矢野と接点ができたのは田園都市株式会社時代であったから、ここでも大渋沢の遺産を利用し尽くしている。

こうして昭和九年三月に東京高速鉄道ができる。資本金は三〇〇〇万円だった。社長は門野（大倉組副頭取）、専務は脇道誉（大倉商事専務）。五島は常務である。そのほか取締役として井上篤太郎（京王電軌社長）、利光鶴松（小田急社長）、根津嘉一郎（東武鉄道社長）、鵜飼重雄（玉川電鉄常務）ら、私鉄経営者が名をつらねた。いっぽう、すでに新橋～浅草間を営業していた東京地下鉄道からは根津嘉一郎社長が加わってはいたが、事実上の責任者である早川はなぜか選ばれていない。あえて外されていると見たほうがよい。

翌昭和一〇年二月、東京高速鉄道は渋谷～新橋の工事施行認可申請書を鉄道省に提出するのだが、東京地下鉄道側は新橋から虎ノ門への延長を主張。

たった一駅の区間でも決定的な役割を帯びる。

東京高速鉄道としては、渋谷～虎ノ門では採算が取れない。新橋に乗り入れることではじめて京浜東北・山手線とつながるのだから。

それだけではない。両地下鉄のレールを接続して渋谷～浅草の相互乗り入れを実現すれば、現在の地下鉄銀座線の要領で直通運転ができる。

早川の東京地下鉄道は虎ノ門までの路線延長を申請することで、五島の東京高速鉄道の要請をいったんは拒否した。こうして新橋駅で両社が睨み合うことになった（図表㉔）。

しかし、将来「両社は合併する」という一札があるため、結局、東京高速鉄道は、渋谷～新橋間の認可を得るのである。

だが、相互乗り入れの見通しはない。新橋駅には、東京地下鉄道と東京高速鉄道の二つのプラットホームが併設されようとしていた。

〽汽笛一声新橋を／はや我汽車は離れたり――という軽快なメロディーの鉄道唱歌を知らない者はいない。地上の新橋駅は日本初の鉄道の起点駅である。両者はその象徴的な新橋駅の地下に橋頭堡を築こうとしていたのである。

第５章
私鉄経営と地下鉄経営の違い

†不動産業のビジネスモデルをつくった五島慶太

山手線の環状運転が始まったのは大正一四年からだった。テレビに登場する新宿西口の安売りカメラ店のコマーシャルは「まーるい緑の山手線、真ん中とおるは中央線」と謳っている。東京の中心円を山手線に擬して脳裡に描くようになったのは昭和に入ってからで、その後しだいに定着し始めた。技術的には「上野、神田間の高架線開通」(『東京市域拡張史』)が、京浜東北線のバイパスにすぎなかった山手線の環状運転化のきっかけになった。元はと言えば、下町よりも山手の人口増加のほうが激しかったからで、すでにして環状運転のニーズは生じていたのである。

こうして新しい豊かな金城湯池には小判も埋められた。山手線のまるい円の内側の市場開発が各私鉄にとっては焦眉の課題に浮上する。私鉄の郊外路線を単に新宿、渋谷、池袋など山手線のターミナルステーションに接続させるだけではなく、そのまま山手線の内側に、あるいは横切って丸の内、銀座方面まで延長すれば沿線の顧客のニーズをより多く満たすことができる。沿線の人気が高まることで、乗客が増えるばかりか所有不動産の含み資産が増すわけである。

五島慶太が地下鉄に目をつけた理由はそこにあった。これを彼は串刺し理論と命名していた。

五島は鉄道経営を点と線から面の開発へ展開させる方向、すなわち不動産業として位置づけていた。昭和七年に発行された『交通事業の合理化』という講習会の速記録には五島の思想が比較的よく体系化されている。「田園都市業の主なる目的は、電車を建設する以前に土地を安く買い置いて、開業後高く売って利益を得るということでありますが、こういう単純なることでなくて、この人口を殖やすということの為に、私は田園都市の建設が必要であると申す者であります」とある。

沿線に学園を誘致し、ターミナルステーションにデパートをつくる。不動産業のビジネスモデルとしてはよく練られていた。我われをいまも拘束している長時間の通勤というライフスタイルは郊外に住宅団地、ニュータウンがつくられたからである。

「従来の電鉄経営は主に軌道でありまして、道路上または道路に沿うて建設せられているものですから、住宅地はこの軌道の両側に一列に出来るものでありまして、その住宅地の幅が極めて薄いのであります。またその人家も都心を中心として順次に出来て参りますから、沿線全部を住宅化するには非常に時間を要し、都心を離るるに従いまして人口は極めて希薄になり、遂に開業三〇年後の今日、なお建設当時そのままを持続しているような所もあります。しかるに私どもの致しましたように、全線主要駅に区画整理を為したる近代都市を建設するときは、全線が一時に住宅化致しますし、かつその住宅地域の幅が非常に厚くなるのであります。ちょうど火縄に一方からのみ火を点けると全長の燃ゆるのに随分時間がかかりますが、火縄の両端及び中央の数カ所に火を点ずれば、火縄はたちまち燃えてしまうと同じで、全線の数カ所に人工的コロニーを造るということが必要だと思います。これに加えて、この出来たる住宅地域は一列に人家を並べたものとは異なって、その幅が非常に厚く広いものですから、人口も非常に多いのであります」

地下鉄半蔵門線につながる田園都市線は、五島が死んでからできた。火縄銃とはうまい譬えであった。

さきに〝強盗慶太〟に対して〝ピストル堤〟がいたと説明した。西武グループの創始者堤康次郎は電車の終点の彼方に拓かれた箱根や軽井沢などリゾート地開発を中心にし、いっぽう五島慶太は鉄道路線の伸長と住宅開発をひとかたまりにした経営方針に重点を置いていた。したがって、鉄道では五島に一日の長があった。

東横線など渋谷から郊外へと向かう鉄道経営はそれで成り立った。

だが山手線の内側、つまり〝円内〟の市街地ではそのビジネスモデルは通用しない。田園を開拓して住宅地をつくるわけではなく、すでに商業地にはオフィスビルがあり小商いの商店街があり、旧来の居住者もいる。

†山手線内側の権益、市電・青バス・白バス

さらにもっと大きな壁は既得権益である。その壁を打ち破らなければならない。一つは市電。〝チンチン電車〟である。そして乗合バス。乗合バス業は東京市と民間業者が競合していた。

市電の前身は鉄道馬車で、明治三六年（一九〇三年）に東京電車鉄道となり品川～新橋間を走るようになった。同じ年に少し遅れて東京市街鉄道が数寄屋橋～神田橋間を開通させ、翌三七年に東京電気鉄道が土橋～御茶ノ水間の営業を始めた。三電競争時代と呼ばれた。この時代は二年足らずで、やがて東京鉄道に一本化される。明治三九年のことである。そして明治四四年、東京鉄道を東京市が買収する。

市営当初の軌道延長は一九二キロだったが、大東京市が成立した翌年の昭和八年（一九三三年）三月末には三三三キロに伸びている。旧一五区のほとんどに市電の交通網が張り

めぐらされた。

乗合バスは、市営と民営の二種類に分けられる。市営は都営バスの前身。民営の代表格は青バスである。都内遊覧の観光バスとして知られる〝はとバス〟のルーツである。『はとバス三十五年史』には、青バスはグリーンの車体に白帯が入っており、それが通称のもとになったと書かれている。大正七年（一九一八年）に設立された東京市街自動車（のちに東京乗合自動車と社名変更）が母体であった。

いっぽう市営バスは、大正一二年の関東大震災で市電の軌道がズタズタになり「急遽市民の足を確保するために臨時の措置として運行開始」（『東京都交通局六〇年史』）された。応急的補助交通機関として誕生したという経緯があったのだ。当初のバスは一一人乗りの小さなものだった。しだいに路線を増やしていき、市民権を得るのである。私鉄でターミナルステーションまで通勤し〝円内〟はバスを利用するスタイルができ始めていた。

〝円内〟の権益の発生について、東京都交通局が発行した『東京の交通』はつぎのように記述している。

「乗合自動車市営の計画は、すでに古く明治四四年電気局開設当初に遡るもので、この当時松木電気局長の提議にもとづいて五〇余万円の予算をもって米国から乗合自動車約二五台を購入して市内交通機関を完備しようとしたが、これが認可申請書に対し、警視庁当局は当時乗合自動車ということについては何の知識もなくしたがって無関心であり、いまだかつて前例がないのみならず、交通取締上にも不安があるというわけでこの申請に対し、可否はいずれ研究のうえ追って何分の沙汰をするというのみであったがその後に至り、当時の市内交通状態に鑑みその必要なしとして市側の申請は正式に却下となってしまったのであった。ところがそれから約七年後の大正七年の春に青バスの前身であった東京市街自動車株式会社というものが設立されて、その年の七月二三日には警視庁は会社に対して東京市内における乗合自動車の営業を突如として許可したのであった。しかも許可された営業路線はほとんど全部が市電の軌道と同一路線であり、またこの許可に先だって警視庁より市側へ意見を求めてきたので、東京市としては市電への影響の少なくないことに鑑みてこれを市会に諮問することとしてとりあえずその旨を警視庁に回答、七月二六日市会を開催する運びになっていたにもかかわらず、突如前記の許可指令が発せられたのであった。この間に複雑な事情が伏在していたことはさておき、とにかく市を無視した警視庁の態度を不満として市会及び理事者は激昂した」「旧市内での東京市街自動車会社の事業は、漸次その事業の基盤を確定して社名を東京乗合自動車株式会社と改称して遊覧事業にも進出し、ことに大震災後には（中略）有軌交通機関の補助機関として、市電気局が営業し始めた市バスと競りあい大いに発展、その路線網は全市に延びたのである」

読みにくい文章なので、もう一度整理する。

まずバスという新手の乗り物が市民権を得ていない時代があったということ、その段階で市側の申請が警視庁の無理解によって却下された。だいぶ経ってから民間業者の青バスが誕生、これはすんなり認可された。ところが市電の軌道と同じ道路を走るため市側が激怒する。その後、関東大震災で市電が麻痺したので代わりに市バスが認可された。こうして市電対バスという異種交通機関の競合、また青バス対市バスというバス同士の競合状態が生じるのである。ただし三者とも〝円内〟の営業権を他の私鉄業者から侵される心配のない共通の特権の上にあぐらをかいて競合していたにすぎない。

青バスははじめ二〇歳未満の少年車掌を採用したが、乗客の評判が芳しくなく、女性車掌の起用に踏み切った。老人の手を取り、子供を車から抱き下ろしたり、至れりつくせりのサービスぶりが好評だった。青バスの車掌は白襟の制服を着用したので〝白襟嬢〟の愛称がつく。トップモードを身にまとった美人車掌は街ゆく人の目を惹き、今日のスチュワーデス（客室乗務員──最近はキャビンアテンダントと呼ばれる）のような憧れの職業となるのである。

市営バスも負けじと、紺の制服に赤い襟をつけて〝赤襟嬢〟として対抗した。紺サージのワンピース姿に赤襟の女性車掌を新たに乗り込ませたのである。新聞は「パリー風の正服で、……あだっぽい緋の襟を紺サージの軽快な洋服にのぞかせ」と報じた。日本航空と全日空がスチュワーデスのユニフォームファッションを競っているようなものと理解してもらおう。

こうした華やかさに加え、青バスも市バスも停留所が五〇〇メートル間隔以内で市街地の交通網としてはリーズナブルだった。昭和二年に開業した地下鉄の当面のライバルはバス事業ということになる。

†膨大な建設費をどう工面するか

地下鉄にとっては運賃格差が問題であった。東京地下鉄道の運賃は、昭和五年に浅草から万世橋まで一〇銭均一。青バスは区間制で一区五銭、当時浅草から上野まで五銭だったが地下鉄が路線を延ばすのに対抗して五銭のまま区間をどんどん延ばしていく。

低料金競争は地下鉄にとってかなり苦しいものとなる。バス一台の価格三五〇〇円に対し地下鉄車両は一台四万円もした。さらにこれに建設費が加わった。

東京地下鉄道の資本金一〇〇〇万円は、浅草～上野間の建設費で費消されていた。東京地下鉄道は大正一五年に二〇〇〇万円、昭和四年には四〇〇〇万円へと増資した。『日本の地下鉄』（和久田康雄著）によると、新橋まで開通したときの建設費は三九〇〇万円（昭和九年度の決算額）で、増資した資本金とつじつまが合う。だが実際の払込資本金は昭和八年になっても一八〇〇万円にとどまり、不足する建設資金は社債や借入金に頼らざるを得なかった。資金繰りや配当の継続のためのやりくりで会計課長がノイローゼになり退職したという。

私鉄には鉄道省からの補助金があったが、地下鉄の場合は認められない。地下鉄の建設費はキロ当たり五〇〇〇万円弱、同じころ開業した小田急が二六万円だから二〇倍近い。いっぽう、キロ当たり収入は二二万円で、小田急の二万円に較べ一〇倍。それでも補助金なしで建設のコスト差を吸収するのはかなり難しい。こうしたコスト高の上に階段を三〇段、五〇段と昇降しなければならない。当時はエスカレータを取りつける余裕のあるはずもない。ものめずらしさの人気が去ると、夜間などは一両に一人も乗っていない日がつづいた。

東京地下鉄道の実質的な責任者である早川徳次は、資金繰りに窮したありさまをこう述懐している。

「昭和六年の暮れには金融の解決がつかず、大晦日まで東奔西走して、ようやく午後になって解決した。それから歳末旅行に熱海に出掛けたが、汽車に乗ると一時に疲れが出て睡魔に襲われ東京駅を出てから国府津の先まで、知らずに眠ってしまったことがあった。この大晦日に金融の解決がついて急場を乗り切るまでは、何日間というもの夜もおちおち眠れなかったのだから、汽車のなかでも前後正体もなく眠ってしまった。このときほんとうに世の中で借金ほど恐ろしいものはないと、しみじみ思った」(『東京地下鉄道史』)。

早川は「東京地下鉄道の全貌と将来」(昭和八年)と題したパンフレットをつくって株主にアピールした。「確実無比・有利なる資産株」とサブタイトルがついている。

浅草から京橋までは開通しているが「新橋まで工事中で明春四月の花時までには開通することになっております」と説明した。「することになっております」であり、資金が足りなければできない。

民間資本が地下鉄に投資するには無理があった。五島の東急電鉄ならば沿線を開発することで利益が出る。資本増強をはかることができる。だが地下鉄の場合はそのビジネスモデルが通用しないばかりか、建設費は私鉄の二〇倍にもなる。株主向けのパンフレットは表現に苦慮したあとが窺える。

「地下鉄の建設費というとべらぼうに高いように考える人がありますが、決してそうではありません。何となれば、地下鉄の走行しているところは、だいたいにおいて繁華なところです。いわゆる土一升金一升というところです。こんなところへ路面電車や高架鉄道を敷設してご覧なさい。地下鉄以上に高くかかります」

地下鉄は効率的だと言いたいのだ。ただし、建設費の絶対額が安いわけではない。

「東京地下鉄道の業績を述べるに当たって逸することのできないのは、地下鉄線がラッシュ・アワーをつくらないということです。電車会社がいちばん困るのは朝晩のラッシュ・アワーです。ラッシュ・アワーにうんと乗客があっても、昼間の乗客が少ないと、ラッシュ・アワーのために巨額の設備とたくさんの人員を遊ばすことになります。電車会社としていちばん理想的なのは、乗客が絶えず水が流れるように間断なくあることです」

都心の地下鉄と郊外私鉄はたしかに違うのである。五島の東急電鉄や堤の西武鉄道をはじめ私鉄が学園誘致に熱心だったのは、通勤客が一方通行で都心へ向かうのみならず、学校の生徒が逆方向へ向かえば、帰りの電車が空車にならないからだ。

都心にはつねに客がいる。私鉄に較べれば平準化の度合いは高い。三越に代表されるデパートもあれば、催し物もあり、営業マンも行ったり来たりする。行きも帰りもない。そこが地下鉄の強みだが、やはり建設コストが高い。

「東京地下鉄道の資産及び負債の状態」の説明がある。「未払い込み金を除いた資産勘定の約八割が、建設費勘定ということになります。ですから、資産勘定の吟味ということは、実質においては建設費勘定の吟味となります。そこで建設費ですが、今日までに竣工した区間。浅草~京橋六・四キロメートルの建設費は二四三〇万円となっています。一キロメートル当たり約三四〇万円」となる。

早川は金策に走るが思うように資金が集まらない。

私鉄のようなビジネスモデルがないかぎり、民間資本で地下鉄を建設することはきわめて困難なのである。

†公的資金投入の始まり

地下鉄のビジネスモデルと私鉄のビジネスモデルは異なるのだ。

四二~四四ページで三角形の図について説明した。現在の東京メトロと都営地下鉄の経常損益の上昇トレンドは同じ、と書いた。大きな差は借金、つまり長期債務である。

「巨額の先行投資、長期安定回収」というインフラ事業のビジネスモデルは、いったん損益分岐点に達すれば安定的に利益が得られる、という特徴がある。

図表㉑をご覧いただきたい。

投資と回収には時差がある。初期投資が大きい。地下鉄はほとんどすべてがトンネルである。平地に線路を敷設するわけではない。その代わり、過疎地にトンネルをつくったわけではないので満遍なく利用者がいる。運賃収入が安定しているので、一定の年限が過ぎれば初期投資は回収できる。

図で示したように投資収支はいったんマイナスに沈んでいき、累積損失がだんだん解消されていくと安定的な収益モードに入っていく。東京メトロは先行して投資が行われ、都営地下鉄は遅れて投資が行われており、時間がずれて回収期に入っている。

東京メトロはすでに安定的に利益を生み出しているが、都営地下鉄はグラフの推移を見れば、もう少しで採算分岐点を脱し、これからさきに安定的に利益を生む時期に来る。すなわち、両者の業績の差は、経営能力の問題ではなく、どちらがさきに回収時期に入ったか、というだけの話なのだ。

初期投資の問題は、戦前の東京地下鉄道では解決できなかった。いくら投資家に呼びか

図表㉑ 東京メトロと都営地下鉄の現在地イメージ

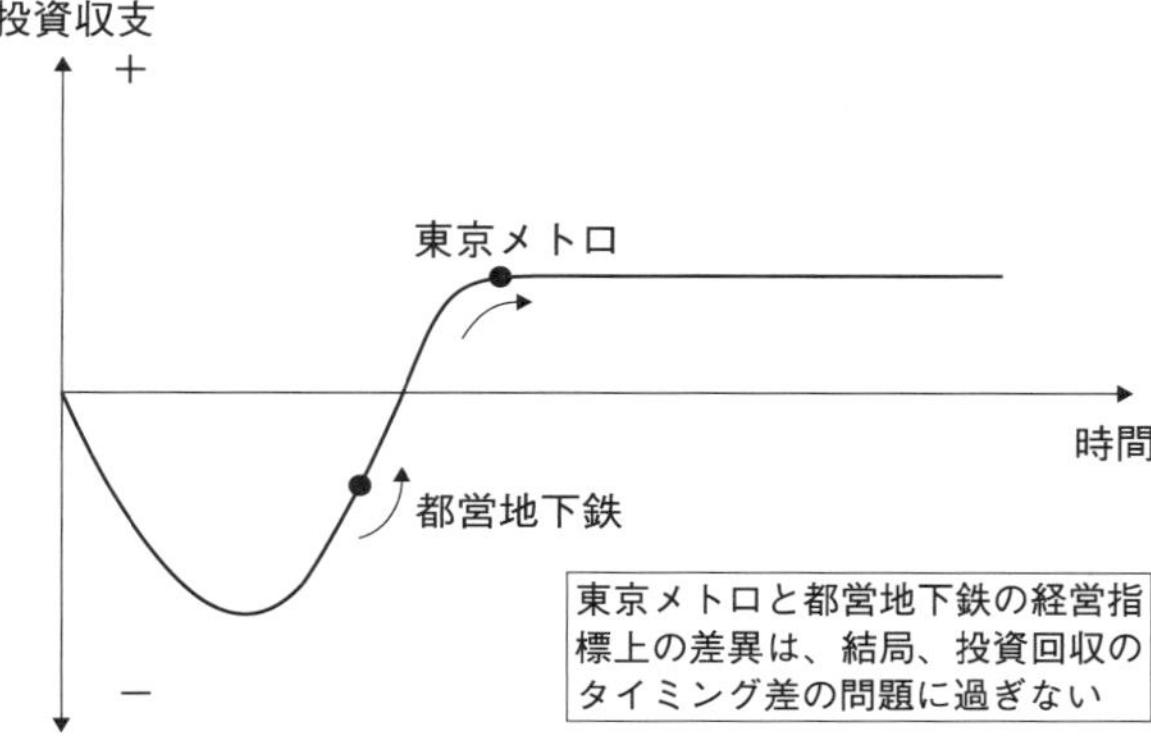

けても回収に長期間を要することがわかっていたので、予定の資本金が集まらなかった。昭和一六年（一九四一年）に営団地下鉄になり、戦後、銀座線のつぎに丸ノ内線の池袋〜東京駅間が開通した。昭和二九年（一九五四年）である。この建設費はどう工面したのか。

「(営団は) 資本金の一〇倍の債券を発行する特権が認められていても、その枠内での建設資金はたかが知れていたし、かろうじて存続を認められたばかりの営団にとって、債券発行の枠をひろげるための『営団法』の改正などは、当時の情勢では簡単にできることではなかった」と営団地下鉄篇『昭和を走った地下鉄』に書いてある。

では誰がどう決めたか。連合国軍の占領期、昭和二五年（一九五〇年）にGHQの経済科学局のリード財政金融課長の判断があったと『東京都交通局八〇年史』に説明されている。

「現在の経済情勢のもとにおいて、民間から年間十数億円にのぼる交通債券を募集することは困難である。また長期にわたって巨額の資金を必要とする地下鉄建設事業にあっては、見返資金のように永続性のない資金にたよることは適当ではない。たまたま預金部資金法を改正して資金運用部資金法を立案中であるから、営団は同資金にその財源を仰ぐ方がよい。しかしながら、資金運用部資金の融資を得るには、営団としては郊外電鉄等の民間資本を除去して資本構成を純化する必要があり、また営団の機構についても民主化をはかり、予算関係について議決を行う委員会を設置するか、または主務大臣の認可を得る方法をとる必要がある」

結果としてGHQの威力だった。対日援助見返り資金（アメリカの援助物資を売った資金の積立金）をあてにしたが、一億五〇〇〇万円の貸し付けを受けただけで、あとは資金運用部資金（旧大蔵省、現財務省の財政投融資）を使いなさい、と言われたのである。

そこで民間資本を排除して国鉄と東京都との出資とする、と公的な性格を明確にした。昭和一六年の営団スタート時点では出資割合は政府（国鉄会計）が三分の二、東京市（昭

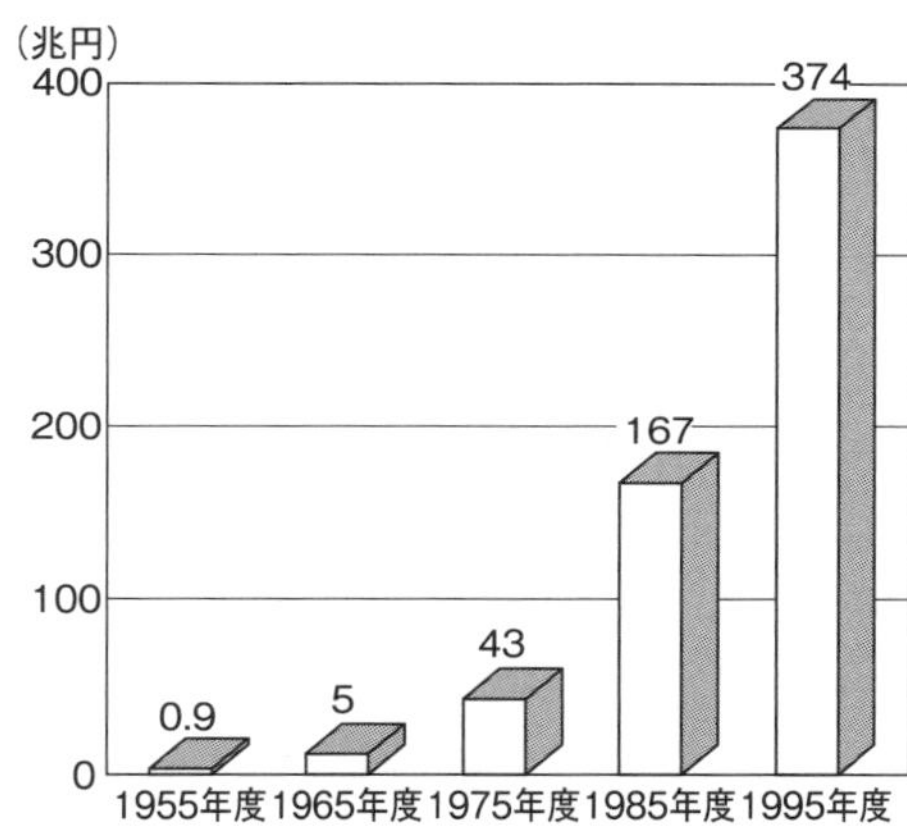

和一八年から東京都）が六分の一、東急や東武や京成など私鉄が六分の一という比率であった。排除した民間資本分は政府と東京都で分かち合った。

戦前の営団の資本金（昭和一六年）は六〇〇〇万円だったが、戦争直後のハイパーインフレで貨幣価値が激変したにもかかわらず、昭和二六年でも資本金わずか一億円でしかない。昭和二八年でも二億四〇〇〇万円。だが昭和二九年に突如、六三億円に増資された。国鉄が四九億円、東京都が一二億円を追加出資したからだ。

営団法が改正され「払込資本金額の一〇倍を限度に、交通債券を発行することができる」ようになった。六〇億円余の資本金があるれば六〇〇億円余の交通債券を発行できる。営団法の改正により財政投融資という長期の安定的な借入先も得た。

だがそれでも資金は足りなかった。戦前に早川徳次が音を上げたのは当然である。『帝都高速度交通営団史』を引こう。

「しかし、昭和三四年三月現在の実績で、丸ノ内線池袋・新宿間一六・九キロの建設費は二四〇億五〇〇〇万円（キロ当たり約一五億円）に達し、年間平均で約三〇億円を要した。昭和三二年度末で営団全体の収益が三〇億円弱にすぎなかったから、これは営団の企業規模から見ても極めて大きな負担であった。当時、単年度で二〇億円ないし四〇億円にも及ぶ資金の調達は、国の財政事情あるいは資本市場の状況から見ても、決して容易なものではなかった」

図表㉒をご覧いただきたい。

財政投融資といっても郵便貯金や簡易保険などが原資である。この時期、財投資金といえども潤沢ではない。財投資金は昭和三〇年（一九五五年）に九〇〇〇億円、昭和四〇年（一九六五年）でようやく残高は五兆円となった。その後、昭和五〇年（一九七五年）に四三兆円、昭和六〇年（一九八五年）一六七兆円、平成七年（一九九五年）三七四兆円と巨額に膨れ上がり、社会主義金融として民間のファイナンスを圧迫するようになるとは想像のほかであった。

昭和三一年に「もはや〈戦後〉ではない」と経済白書で謳ったが、戦後の日本人は日々の食を得ることに追われて、貯金をする余裕などなかった。

三島由紀夫は作家として立つことを決意するまで、大蔵省に昭和二二年一二月から九カ月だけ勤めたが、新入りに最初にあてがわれた仕事は国民貯蓄大会の大臣演説原稿をつくることだった。「(「東京ブギウギ」の)笠置シヅ子さんの華麗なアトラクションの前に、私のようなハゲ頭がしゃしゃり出るのはまことに艶消しでありますが」とユーモラスな語り口にしたら、政治家の大臣から激怒されたという。

それはともかく、国民貯蓄大会を開いたりして「皆さん、節約して郵便貯金をしてください」と大蔵省が率先して訴えなければならなかった。一部の炭鉱成金や闇屋を除くと、敗戦国の国民は貧乏だった。税収には限界があった。貯金がなければ融資もできない。「もはや〈戦後〉ではない」というころには少しは貯金がたまり始めたのである。それでも郵便貯金は一兆円に届かなかった。

財政投融資の制度はスタートした段階では、ある意味では融通がきく斬新な発想と言えた。足りない税収では政策として打つ手はかぎられてしまう。のちに散々に批判される特殊法人などは、郵便貯金を利用することで産業基盤をつくり、高度経済成長にテイクオフするまでは役立ったのである。インフラが形成されるまでの一定の期間、政府主導の経済は必要だった。

†地下鉄の建設の推移

図表㉓をご覧いただきたい。

丸ノ内線は一キロメートル当たりの建設費はわずか一八億円である。現在に近い時期につくられた大江戸線や副都心線は三〇〇億円前後である。大江戸線の総工費は一兆三六〇〇億円だった。

銀座線や丸ノ内線は開削工法だった。道路に堀をつくるように掘っていく。図表㉗には深度も記しておいた。丸ノ内線は九メートルで浅い。

都営浅草線、日比谷線は深さ一二メートルである。東西線は一三メートル。その後の各路線は都営三田線と千代田線が一六メートル、有楽町線が一七メートル、都営新宿線一八メートル、半蔵門線と南北線と都営大江戸線が二二メートル。副都心線が二五メートルと

図表㉓ 各路線の開業年、建設コスト（1km当たり）と平均深度

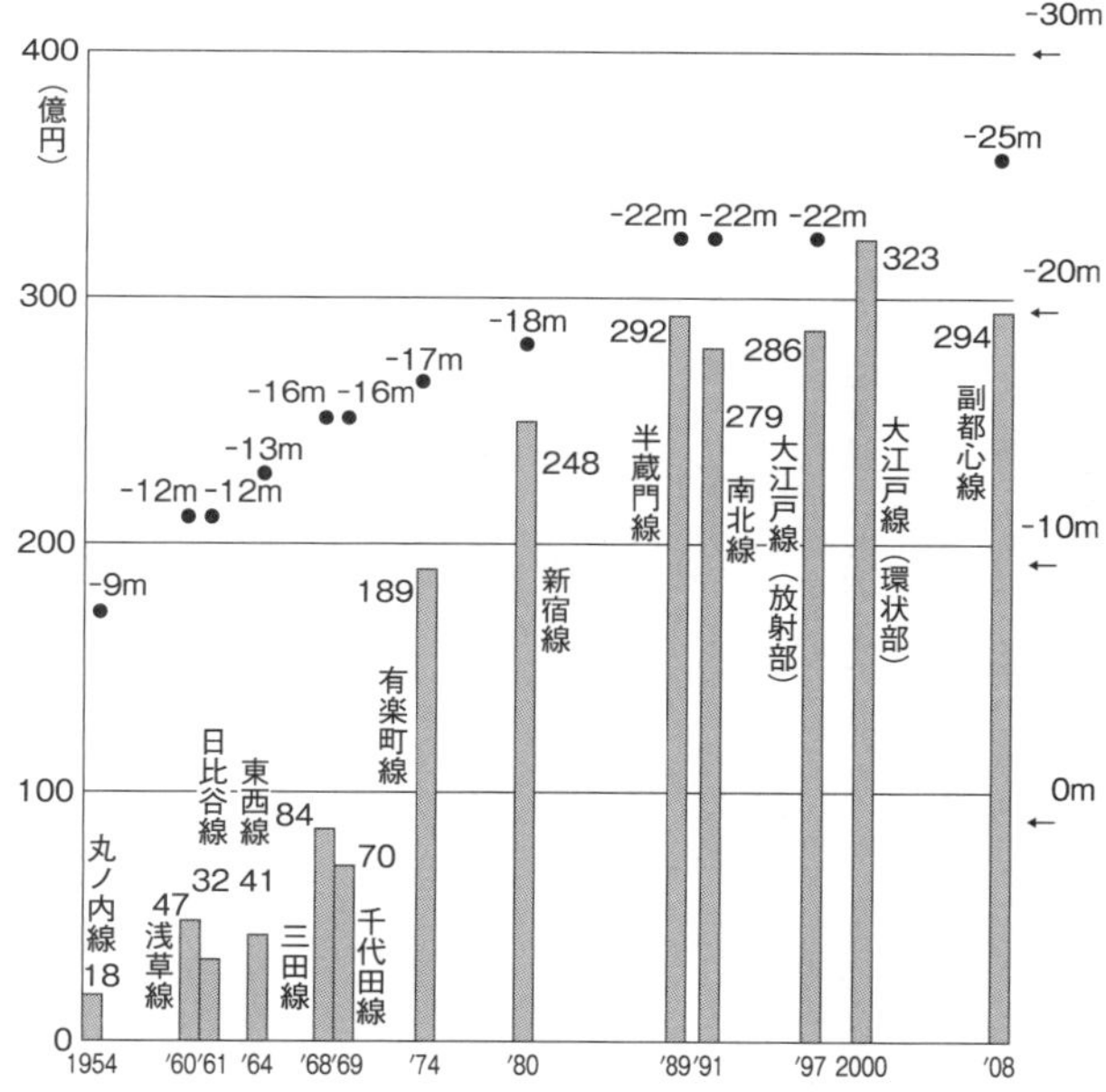

※初開業年度を基本とするが、半蔵門線は半蔵門〜三越前開業時、新宿線は新宿〜岩本町開業時、大江戸線は放射部は練馬〜新宿開業時、環状部は全線開業時とした。

※各路線別の平均深度は、地上駅を除く駅の平均深度とした。

しだいに深い位置にトンネルが掘られていった。

深くなれば道路の上から掘る開削工法から、コンクリートの箱を並べて埋めていく潜函工法へ、さらにもぐらのようにトンネルを掘り進むシールド工法へと進化していく。シールド工法の現場を見たことがあるが、巨大な電気カミソリの刃を回転させながら掘り進むような印象である。

深くなればなるほど難工事にもなる。東京の地下は無数の管が走っている世界である。水道管、下水道管、ガス管、電力や電話のケーブルを避け、さらに既設の地下鉄や高速道路にぶつからないように掘らねばならない。

大江戸線の六本木駅は地下四二メートルにある。エスカレータが長いのは当然で、地上一四階建てのビルを昇降することと同じなのだから。青山一丁目駅は、銀座線の駅の下に半蔵門線の駅があり、そのまた下に大江戸線の駅がある。

結局、大江戸線は他の地下鉄などおよそ五〇カ所で立体交差していて、しかもほとんどはその交差のいちばん下を潜り抜けている。隅田川など河川の下も潜り抜ける。高層ビルの基礎工事はかなり深いが、そこも潜り抜ける。

駅を発すると一気に深く深く潜り、水泳の息継ぎのようにつぎの駅へと辿り着く。勾配の差が大きいから、リニアモーター駆動方式を採用している。トンネル断面を縮小して五・三メートルとかなり小さくしたのは建設コストを抑えるためだった。ちなみに都営新宿線の断面は七・三メートルである。

地下鉄路線が増えれば、それだけお客さんが増え運賃収入がより多く入るのだが、建設コストもまた増大するばかりであった。それが地下鉄というインフラの特徴なのだ。運賃による利用者負担だけでは巨額の投資によって生じる借入金の金利の支払いすら困難をきわめるのである。

丸ノ内線の一キロメートル当たりの建設費一八億円は少額に見える。だが「わずか」といっても、いまと較べればであって当時としては巨額だった。

地下鉄は建設資金をどう調達してきたか。運賃収入だけでは補えないのだから。

郵便貯金などを原資とする財政投融資による貸し付けに加え、交通債券は政府保証こそついていないが政府出資だから倒産しないという信用力で公募すれば売れる、きわめて安定した社債の一種である。すでに記したが資本金の一〇倍の借り入れができる。

そうなると建設費の財源は政府の出資金が多ければ多いほど有利だ。六〇億円余の資本金があれば六〇〇億円の交通債券を発行できる。

つぎに図表㉔をご覧いただきたい。

資本金はどんどん増えた。昭和三〇年（一九五五年）に六七億円に、昭和三一年に七一億円に、少し飛んで昭和四〇年（一九六五年）に一六一億円、昭和五〇年（一九七五年）に三六一億円に、昭和六〇年（一九八五年）に五六一億円。おおむね新線建設費の一〇％程度を営団地下鉄の要請にもとづいて毎年増資を行い、政府（国鉄）と東京都が二分の一ずつ出資してきた。

昭和二六年の営団法改正で私鉄出資分を政府と東京都で分けたが、その時点での持ち分割合は八〇％対二〇％だった。昭和三三年（一九五八年）以降、政府と東京都の増資が二分の一ずつになり、両者の持ち分割合は限りなく接近していった。

昭和六一年（一九八六年）に国鉄の民営化が決まり、その翌年以降は増資していない。図表㉘を見るとわかるが、右肩上がりだった棒グラフが平らになっている。

こうして政府保有株式は五三・四％、東京都保有の株式は四六・六％で固定した。

増大する建設費に対するやりくりの一つはこれまで述べてきた財投からの借り入れ、交通債券の発行、それを有利にするための税金投入による資本増強だった。

そして地下鉄の公的な性格を決定的にした一つが、地下鉄の建設スピードを速めるため

図表㉔　営団地下鉄の資本金の推移

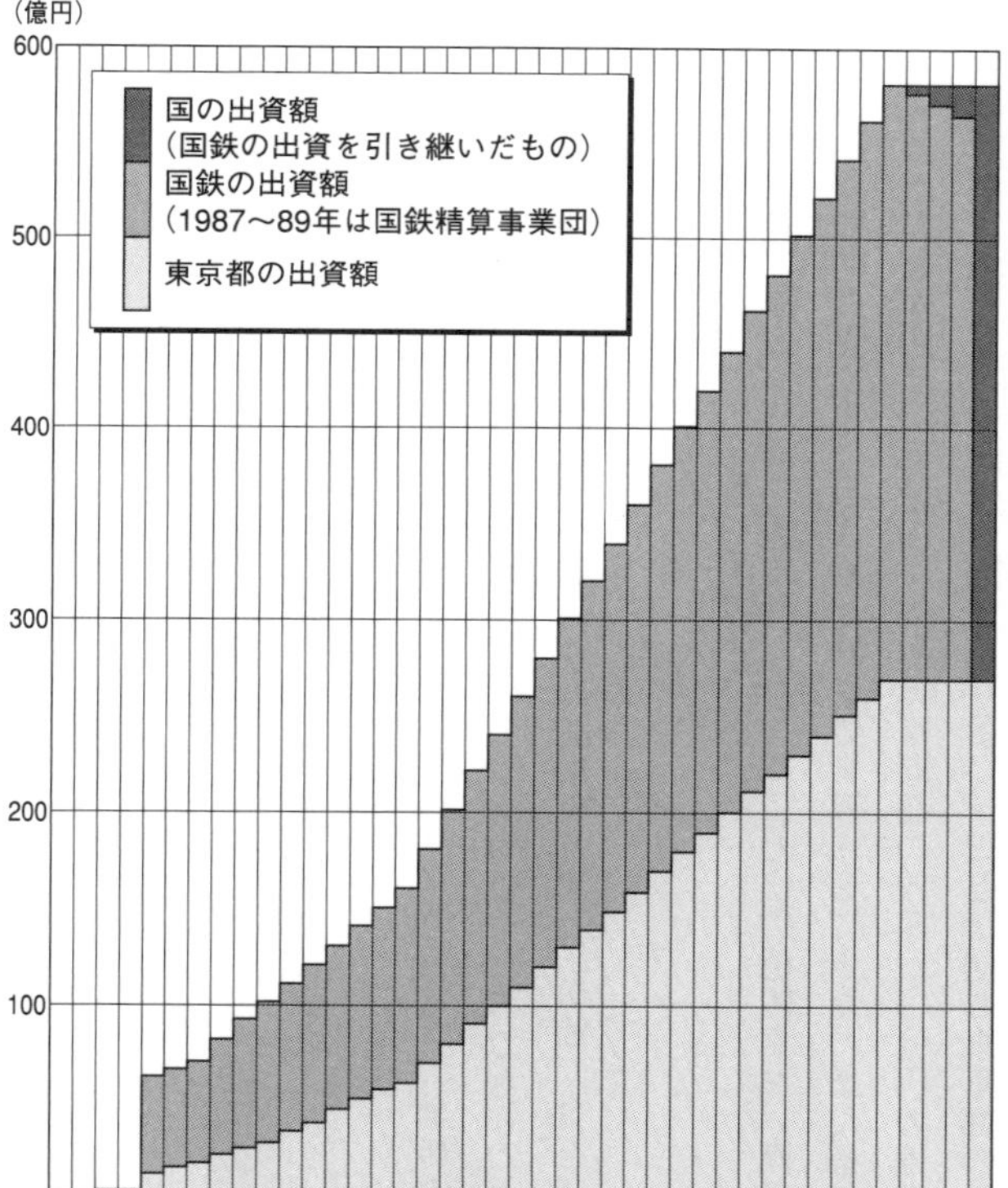

の補助金投入である。

東京では営団地下鉄と都営地下鉄だが、大阪市や名古屋市をはじめ地方の大都市でも、地下鉄建設は資金不足に陥っていた。営団地下鉄は国営企業のようなものだが、地方の大都市の地下鉄は都営地下鉄と同じ公営企業である。営団ばかりでなく公営地下鉄はいずれも建設費用にあてる地方債や借入金が膨らみ、経営状況は深刻化していた。地方側としては政府に補助制度の創設を要求した。

昭和三七年（一九六二年）に創設された地下鉄建設費補助金は、金利の一部を補助するだけだったが、その後、補助率の見直しが経過措置的なかたちであり、昭和四五年（一九七〇年）には政府（国）と東京都（あるいは大阪市など地方）が補助金をほぼ半分ずつ負担することになった。

図表㉕をご覧いただきたい。

一九七〇年以降、国と都は営団地下鉄に対して二七〇〇億円ずつ、両者足し合わせると五四〇〇億円の補助金を支出、つまり公的資金を導入してきた。また都営地下鉄に対しても同様であった。国が四二〇〇億円、都がほぼ同額の四四〇〇億円の補助金を支出してきた。東京都が都営地下鉄に補助金を入れる、ということは同じ東京都の財布と思われるの

図表㉕ 東京メトロ（旧営団地下鉄）と都営地下鉄への補助金の推移

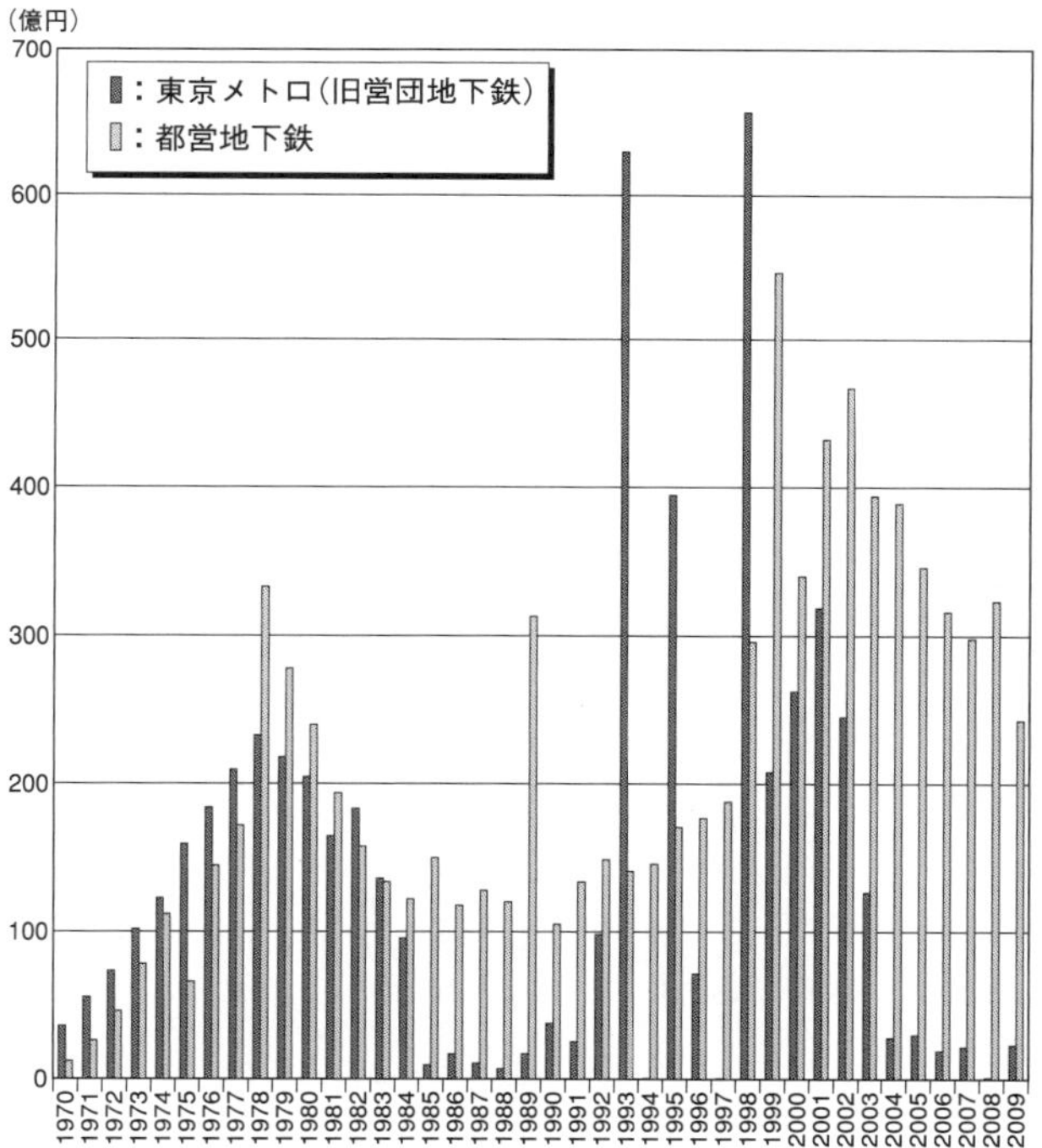

でわかりにくいが、一般会計から独立した公営企業会計という別の財布へ補助するという意味である。

なお営団地下鉄時代から現在まで東京メトロは、本来なら地方税として東京都に入るトンネル部分の固定資産税を免除され、加えて道路占用料も免除され、毎年度の損益計算上、一〇〇億円ほどの大幅な経費削減という公的優遇措置を受けている。

ここまでの説明で、私鉄経営と地下鉄経営には大きな違いがあることは明確になったと思う。私鉄の場合は、沿線開発をしながら資産形成するビジネスモデルであり、地下鉄は沿線開発ができない代わりに、公的資金の投入が行われ、金城湯池での営業をつづけることで借金を返済する構図なのだ。

ちなみに東京メトロの売上は三四〇〇億円、東急電鉄の売上は二八〇〇億円である。だが中身はずいぶん違う。東京メトロのほとんどは鉄道事業営業収益だが、東急電鉄は鉄道事業営業収益は半分強で、残りの半分弱は不動産など鉄道以外の収益である。

第６章

欲望による一元化の挫折

†株主たちの戦争

さきに新橋駅に二つのプラットホームが併設されたと書いた。早川の東京地下鉄道は昭和九年に浅草〜新橋間を開通させていた。遅れて地下鉄に参入した五島の東京高速鉄道が渋谷から新橋までつながるのは昭和一四年(一九三九年)。両社は新橋で衝突したまま接続せず折り返し運転をするありさまだった。両者の争いが営団地下鉄の発足の一因であったことは触れた。

日本ではじめて民営の地下鉄をつくった早川徳次の東京地下鉄道は、地下鉄は建設コストが高くつくうえにバス路線との競合もあり、苦しい戦いを強いられていたのである。

そこで早川は考えた。青バスを買収してしまえばよい、と。東京地下鉄道に穴水熊雄という大株主(総株数の三五%を所有)がいた。穴水は早川とは甲府中学時代からの友人で、昭和一二年から一九年まで京王電軌(現京王電鉄)の社長を務めている。

青バス買収に力添えをしてほしい、と穴水に相談した。

いっぽうで五島慶太は虎視眈々と東京地下鉄の買収をたくらんでいた。

地下鉄博物館の資料の山のなかに、奇妙なものが眠っていた。

『東京地下鉄道株式三十五万株が東京高速鉄道に肩替りされたる事情並に今日迄の経過』という長いタイトルの小冊子で表紙にマル秘の印が押してある。発行日が記入されていないのも変だが、こんなことを記録してなんになるのだろうという疑問を抱かせる点でまことに不思議な文書である。

五島のターゲットは穴水熊雄所有の東京地下鉄道の三五万株だった。早川のため青バス買収に尽力した穴水は、本来なら絶対に五島に株を売らないはずである。にもかかわらず売ろうとしていた。不可解な行動と言えるから、早川がその経緯を株主たちに説明し、五島の乗っ取り計画を阻止すべく、この長いタイトルの小冊子はできたのではないだろうか。

早川は小冊子にこう記している。

「個人のことについて申し上げては相済まぬことであるが私は五島氏に地下鉄事業は私が初めから関係していて私の畢生の事業として全身全力を打ち込んで経営しているのであるから、この辺の事情を篤と考察せられて穴水氏一派の所有株には是非手を付けなんでくれたまえ、もし何かの事情で買収談でも進める時には事前に必ず相談してくれたまえ、買収値段で分かれるということなら仕方がないがそれ以外のことで穴水氏の株が君のほうへ行くという様なことがあっては、社員・従業員に対してはもちろん、株主に対しても会社に対しても申し訳が無いから、今日はこの事について腹蔵無い意見を申し上げて、君のご了解を得べくまかり出た次第であると言ったところ、五島氏より今のところ穴水氏一派の株を買収するというような考えは少しもない、万一いかような事情ができて穴水氏の株を買い取る交渉をすることになった場合には事前に必ず相談して君を困らせるようなことはしない。君ばかりではない、根津（筆者註——嘉一郎。東武鉄道社長）氏にも相談しなくては穴水の株などを引き取るわけにはいかないよ、安心したまえと言われたから、それでは是非そうしてくれたまえと帰りがけに五島氏に念を押したところ『間違いないよ、君等に話さずに穴水の株など引き取ることは出来ないではないか』とのことであったから安心していた」

早川と五島の間には、五島は穴水の株を買収しないという一種の紳士協定のようなものがあったことを臭わせていた。ではなぜ、穴水は早川を裏切ったのだろうか。

その経緯を調べていくうちに、またしても山手線内側を中心とした市街地交通網の既得権益をめぐる抗争が映し出されてきたのである。

市電や市バスをもつ東京市は、地下鉄経営に乗り出す野心を抱いていた。種々あっていったん断念したはずだが、諦めていたわけではなかった。郊外は私鉄に任せるにしても、市街地の交通は市営で一元化したい。そうすれば一貫した交通政策が実現でき、経営効率が向上する。東京市の地下鉄再挑戦を積極的に実行に移そうとしたのは昭和一四年四月に就任した頼母木桂吉市長で、東京地下鉄道の大株主穴水熊雄に接近した。その事実を今度は五島がキャッチする。五島が穴水にアプローチするに際して、東京市に地下鉄を任せてはならじ、という理由をおよそつぎのような口調で説いたであろう。財界評論家の三鬼陽之助に、こう述べている。

「第一に、東京市はすでにその市営電車の経営において、失敗の歴史をもって試験済みであること、東京市の交通調整に対し各種の難色のあるのはまったく東京市電と同一統制圏内に入ることを恐れるためであること、また交通事業は永遠の生命を有するにもかかわらず、これが経営の任に当たる役人が、一年ないし二年の生命を有するにすぎないこと、わずか一年か二年の生命を有する公吏に永遠の生命を有する事業の合理的経営を望むことは不自然であること、したがって民間の事業会社のごとく、事業本位の立場に立って極力営業費を節約して利益を生み出し、その利益をもって設備の改善や事業の内容を堅実にするために振り向けることを公吏に向かって望むことは無理であること、また元来、公吏は教育・衛生のごとき純然たる公益事業をなすべきものであって、営利事業には不向きであること」（『五島慶太伝』）

役人の経験があり、不動産業と一体になった交通事業をいとなむ五島にとって、まさに正論であった。だがそうした主張の陰に別の難題も隠されていた。

当時、郊外私鉄の運転手の賃金は、市電の運転手の半分しかなかった。地下鉄が市営になるとリンクしている私鉄の賃金が市電並みにアップする。そうなると鉄道敷設費で汲々としている私鉄は経営難に陥るよりない。

この正論とホンネは、都市交通という新しい産業に携わってきた人々にとって共通のものであった。路線を延長することで経営規模とシェアを増やしつづけ、不動産業に加えさらにレジャーランドとデパートを経営せざるを得ない宿命を背負っている。無限の借金地獄のサイクルの果てに展望を見出すよりない。それが私鉄経営であった。

早川の東京地下鉄道もまた、一般私鉄とは多少とも立地条件が違うものの民間企業として公営交通とは別の経営努力を迫られてきた。

†コンビニ経営で切り抜けられるか

阪急の小林一三が発明したターミナルデパートを、五島はさっそく導入した。小林のアイディアを真似ただけである。いっぽう、前人未踏の地下鉄業を始めた早川が考えたのはチェーンストアの展開であった。

『東京地下鉄道史』には私鉄と共通の壁に阻まれた地下鉄の窮状が描かれている。

「上野浅草間開通の当初は、観覧的乗客が殺到して意外の良成績を挙げていたが、一般民衆がだいたいひとわたり乗車してしまうと、真に地下鉄を利用する客のみとなって、次第に乗客の減退をきたし、ひいて株価にも影響を及ぼすに至った。元来地下鉄事業は莫大な資本を要する事業であるばかりでなく、鉄道事業の一般傾向として、鉄道のみの経営では多額の利益を挙げ得るものではない。むしろ副業でその欠陥を補うことが大都市電鉄業界の通則となっている。例えば京浜、京成、京王、王子、玉川等各電鉄は皆副業として電灯、電力供給、乗合自動車等を営んでいる。わが地下鉄道も何か副業をやる必要が痛感された。しかし地下鉄の沿線は、電力、電灯、乗合自動車等新たに企画する余地はない」

そこで発想したのが〝出入口〟の活用だった。群衆が小さな穴に絞りこまれるように吸収されていく姿にはある密度を感じさせられる。

まず浅草駅出入口を利用して、雷門ビルを建設する計画を立てた。昭和四年三月に社員を阪急へ派遣し、ターミナルデパートを見学させた。その結果、浅草には食堂が似合う、との結論に達する。昭和四年一〇月に雷門ビルが竣工した。たちまち名所となった。成功したのである。

シンボルタワーとしての雷門ビルにつづいて翌昭和五年、上野駅構内に日用品販売のアンテナショップを出した。「何処よりも良い品を何処よりも安く売る」をモットーに、地下鉄ストアのチェーン展開に向かう。「わが国に於けるデパートメントストアの発達は、三越、松坂屋、白木屋、高島屋、松屋等の如く、欧米各国に於けるデパートに比較しても敢て遜色なき程であるが、チェーンストアに至っては未だ真の意味では皆無」（『東京地下鉄道史』）であり、多額の交通費を使いデパートに行くのもよいが、日用品は地下鉄の入口で買う。顧客のニーズに応えるには、どの地下鉄の入口にも店舗がなければならない。よってチェーンストアがふさわしい。「世界二十四の地下鉄道中未だ一つもかくの如き計画をたて、チェーンストア経営をしているものはない」けれど、これがうまくいけば、各私鉄が行っている「電灯経営等に匹敵する副業」となるはずだ。

それぞれの出入口から直径二、三キロの円を描き、その範囲を商圏としてとらえれば、ごく日常的な生活用品のニーズをまかなうことができるのではないか。地下鉄は上野の松坂屋、日本橋の三越などを結んでいる。デパートとは競合しない商品なら成功するかもしれない――。こうした論理によってチェーンストアを調査研究させるため一人の課長をアメリカに派遣する。今日のコンビニ店である。

昭和六年暮れ、待望の第一号店として上野ストアが開業。早川徳次は披露の式でつぎのように挨拶した。

「当地下鉄ストアにおきましては、他の百貨店の如く品物の配達を致さないのでございます。この配達ということは非常に便利のようであるが、仔細に考究してみますとそこには幾多の不合理があるのであります。この配達費は結局配達を命ぜられなかった品物にも負担させらるることになって公平を失するばかりでなく、配達を命ずるお客の多数は上層階級で、世にいわゆるブルジョア階級に属する人が多数を占めているのであります。これを極言すれば、日常生活に余裕なき人々の買い物の内から、配達費を搾取して、豊富なる生活をしている階級の人々の買い物にサービスすることになるのであります」

そうは言ってもデパート側と対立したわけではない。松坂屋のためにわざわざ上野広小路駅をつくった。当初の計画では上野のつぎは末広町で、上野広小路はなかった。以後、日本橋、銀座と路線が延びるたびに白木屋（後の東急日本橋店）、高島屋、松屋とそれぞれ直結する通路をつくった。駅の建設費をデパート側に負担させたので、乗客増とあわせて一石二鳥のアイディアだった。「デパート巡り乗車券」も発売した。ついでに通路内の地下鉄ストアにも客を呼び寄せる算段である。

だが、須田町、日本橋、室町、銀座、新橋とチェーン展開していった地下鉄ストアには、規模の小ささや売り場の位置の悪さなどから思ったほどに客は集まらなかった。

これだけ工夫してもとても建設費を賄えるほどのものではなく焼け石に水だった。早川の秘書は「それでも（株主に対し）地下鉄収入のカムフラージュには役立った」と証言している。

†地下鉄の台所は火の車

東京地下鉄道の台所は火の車だった。銀行から信用を得るため、株価を維持するため、儲かっているように見えなければならない。青バスとのサービス合戦はただでさえ苦しい地下鉄経営をさらに追い詰めるのである。青バス買収に協力を依頼した穴水という人物は、北海道電燈専務を務め北海道の弱小電力会社をつぎつぎと吸収し大日本電力を名乗り、中央に進出して東京電燈吸収の機を窺っていた。京王電軌の社長にもなった。穴水には勢いがあった。

だが穴水は、早川を裏切り、東京地下鉄道の株をライバルの東京高速鉄道に売ってしまう。いっこうに利益が出ない東京地下鉄道の大株主としては、配当も少ないし不満だった。青バスを合併すれば、営業成績もよいから、東京地下鉄道の株価も上がると踏んだ。だが期待通りではなかった。

五島慶太が東京地下鉄道の大株主穴水熊雄所有の株を入手したのは、昭和一四年八月一日だった。

東京地下鉄道が新橋まで開通したのは昭和九年。引きつづき新橋から三田方面へ路線が延長される予定だった。ところが昭和一〇年二月、東京高速鉄道が渋谷〜東京の免許路線の工事施行認可申請で新橋経由であることを明確に打ち出したのだ。五島が新橋に向かってくることが明白になったので、早川は新橋での接続を回避すべく策を練った。新橋から虎ノ門経由で高輪へと、対抗して路線変更を申請したのである。両社はそれぞれの立場から正当性を主張した。

東京高速鉄道はまだ工事をスタートしておらず実体がない弱みがあった。それに対して、東京地下鉄道はすでに新橋まで工事が完成し営業運転をしている。鉄道省には、東京地下鉄道を虎ノ門まで延長させると官庁街への便がよくなるので早川の主張を容れるべき、とする意見も少なくなかった。結局、東京高速鉄道が新橋までの工事認可を得ることで路線申請争いは五島の勝利に終わる。五島の鉄道院時代の同期生喜安健次郎が鉄道省次官に出世していた。五島流の根回しの差が明暗を分けたのである。

早川は一計を案じた。いずれ、東京高速鉄道が新橋までやってくる。そうなると五島に相互乗り入れを主張される。それまでに新橋までの客を品川方面に流すべく工事を進めておこう、と。京浜電鉄、湘南電鉄と提携し、京浜地下鉄道を設立することにした。浅草〜品川のみならず川崎、横浜、浦賀への直通運転をもくろんだ。

早川が専務となって昭和一二年三月に発足した京浜地下鉄道は、まず新橋〜品川の敷設免許を東京地下鉄道から譲り受けた。新橋〜品川開通のあかつきには互いに合併して東京、横浜の一帯をカヴァーする大会社にしよう、との約束ができ上がった。

もともと東京地下鉄道と京浜電鉄の間には相互乗り入れ計画がないではなかった。古い話になるが、東京地下鉄道は新橋から三田を経由して五反田に向かう五反田線の敷設免許を昭和三年に認可されていた。京浜電鉄も京浜蒲田〜五反田の延長計画をもっていたので比較的スムーズに合意に達したことがあった。ところが東京地下鉄道の五反田線建設は資金難で見通しが立たず、宙に浮いたままとなった。そのうち京浜電鉄としては終点の品川で山手線・京浜東北線と接続したほうが堅実だと考え、品川新駅建設に動くようになっていく。京浜地下鉄道は翌昭和一三年一二月、工事が認可される。同じ時期、東京高速鉄道は渋谷〜虎ノ門が、さらに一カ月後の昭和一四年一月には新橋まで開通してしまう。

追っ手は背後に迫っている、そう早川は焦りを感じたであろう。退路を断つため、京浜電鉄を乗っ取ってしまえ。五島は早川の拠り所を崩そうとする。東京高速鉄道が渋谷〜新橋を開通させたのは昭和一四年一月。京浜電鉄株を買い占めたのは三月である。またしても電光石火であった。

五島の京浜電鉄乗っ取りの論理は「陸上交通事業調整法が制定された今日においては、この四社（東京地下鉄道、京浜電鉄、湘南電鉄、京浜地下鉄道）に自社を加えて、自らの手で交通調整を実現することが筋である」だった。早川の失敗は、五島に論理で攻められる隙をつくってしまった点だろう。東京地下鉄道側に立って反省すれば、四社の合併は、目的が達成されてからではなく目的を設定した時点で行われるべきであった。

五島は昭和一三年一月、密かに京浜電鉄の大株主である前山久吉（内国貯金銀行社長）から七万株を買っていた。前山からは昭和一一年に玉川電鉄株五万株を譲り受けた縁があったので、すんなりとことが運んだ。ついで一年三カ月の日時を費やし京浜電鉄会長望月軍四郎を説得した。ついに五島は望月株も入手する。

こうして東京高速鉄道は京浜電鉄株式の過半数に当たる約一五万株を所有した。ただちに臨時株主総会が開かれ、五島が専務となった。京浜電鉄の系列である湘南電鉄も同様の経過を辿った。早川は万事休す、であった。

京浜電鉄を乗っ取り、早川攻略の外堀を埋めた五島は本丸を攻める。冒頭に触れたように東京地下鉄道の大株主穴水との交渉に向かう。

新橋乗り入れは昭和一四年一月一五日だった。三月に京浜電鉄の株買い占めに成功し、六月に専務に就任した。そして東京地下鉄道の穴水株を八月一日に入手する。

†地下鉄王と乗っ取り王の確執

五島は早川に、「万一いかような事情ができて穴水氏の株を買い取る交渉をすることになった場合には事前に必ず相談して君を困らせるようなことはしない」と伝え、東京地下鉄道を侵さない、という一種の紳士協定が結ばれていた。五島は約束を破った。多少うしろめたい気持ちがあったのだろう。そこで穴水株を買収した旨を手紙に書いて早川に知らせているのだ。

五島の手紙について早川は、東京地下鉄道の役員たちに、昂奮を隠せず、つぎのように述べている。

「この通告に接し大いに驚いた。いかに五島君でも同業者として約束に違反してまで株式買い取りの挙には出まいと思ったのであるが、五島君から通告のあった以上事実に違いないと思い……社員は大いに驚き三千五百の社員のために戦って下さい、私どもが今日まで辛抱してきたのもいつかは芽をふく時があると思って奮闘してきたのです。漸く経営その緒に就きこれからだというときに突然第三者が現れてきて資本の力で株を買収して営業権を自由にするなどとは今日の時勢に為すまじきことです、われわれは結束して専務の指揮に従って働きますから戦って下さい、とある者は涙を流して言うのです。彼らの今度の陳情ほど感銘したことはありません、それに社長は洋行中ですからいっそう困難を感じた次第です」

この決意表明には、五島が株買い占めに当たりダミー会社を使ったことも報告された。東京高速鉄道は「東京合同殖産合名会社」の名で地下鉄株を買っていた。すでに昭和一一年、同社名義で東京地下鉄道の四万二〇〇〇株を入手していた事実もあわせて明らかにされている。

五島が穴水株を購入したのは昭和一四年八月一日であった。五島がその旨を手紙に書き早川宛てに投函したのは四日。早川が返書を出したのは一二日。とりあえず早川は手紙で抗議すると同時に役員会を開いて善後策を検討した。

株の買い戻し以外に方策はないのである。二九日、東京高速鉄道側の動きを察知した早川は早朝に五島邸を急襲する。

「両三日前より五島氏宅ならびに五島氏関係の会社等に電話せるも不在または行き違い等にて面語の機を得なかったのである。しかるに本日東京高速鉄道会社に於いて重役会を開催し三十五万株肩代わりに関し協議することを聞知せるにより、重役会開催以前に当方の意思のあるところを五島氏に開陳し置く必要ありと思い今朝七時五島氏邸を訪問、五島氏に面会、左の談話をなせり」

両者はついに上野毛の五島邸で、じかに対決する。

＊

早川「君が福島から四日付で出された手紙を七日に読んだ。君が帰京後、僕に会って詳細の話をしてくれるだろうと思って心待ちに待っていたが、いっこうに電話もかかってこないので一一日の朝お電話をしたところ、外出中とのことで僕も妻の病気のため山中湖に行かねばならぬのでお帰りをお待ちする時間もなく失礼した。一二日に山中から手紙で申し上げておいたような次第で穴水の株のことについては君と固い約束があるので、僕は未だ半信半疑の中にあるのだが真相はどうだね」
五島「先ごろ穴水の株を東京市が買収するとのことを聞き込んだので穴水の邸に行って穴水に直接話をして二四日から交渉し八月一日の日に肩代わりのことが確定して両者間に契約が出来たよ」
早川「そうか！　それならかねての約束どおりどうして事前に相談してくれなかった」
五島「事前に相談する暇もなかったし、なにしろ東京市で買収するということだから、東京市に買収されては東京市の交通統制は公有公営ということになってしまうし、俺も実に弱ったよ、それだからひとまず穴水の株を東京市に行かぬように押さえておいたのさ」
早川「穴水の株が東京市に行かぬように押さえておくことはよいが、二四日から穴水に話をしていたというのなら契約を取り交わす前に僕のほうに一応話してくれる時は充分あったわけだね」
五島「穴水に、根津さんに電報で意見を問い合わせてからにしようと言ったが、穴水が根津さんに電報で問い合わせれば『俺が帰るまで待てと言うかまたは河西（豊太郎取締役）に相談しろと言うてくるに違いない、根津氏が帰るまで待つことにすればその間種々の邪魔が入ることは必定である、河西氏に相談することは困る』というようなことであったから仕様がなかった」

早川「それにしても僕と君との間では、君が穴水の株を買い取るような場合には僕に必ず相談する、という約束になっていたのだからね」

五島「穴水の株を買い取る時、というように穴水の株について約束があったか知らん、僕は、はっきり覚えて居らん」

早川「それなら東京地下鉄道の株を一株でも二株でも君が買い取る時には僕に相談をし根津氏の意見をも聴くのかね」

＊

このとき、早川は五島が出した八月四日付の手紙を懐にしまっていた。これまでのやりとりは早川側の記録だが、会話の合間にときどき状況を説明する註が付されている。早川は五島の手紙に「実は本件に付きては貴殿と会って約束之有り候ため非常に煩悶いたし候えども、事情如何ともいたし難く云々」とあるのだから、ここで手紙を突きつけようかと迷った。迷って止めている。「証拠として見せてやろうかとも思ったが、かくしては喧嘩となり、せっかく円満裡に解決せんとする当初の目的に反することになってはいけないと思って取り止めたり」と記した。

このあたりに早川の苦しい立場を垣間見ることができよう。約束違反をちらつかせながら、どうか返してくれたまえ、と懇願するよりない。

†心理戦の果てに

腹が出っ張って恰幅のよい紳士は、首の太い男の眼鏡の奥をじっと窺った。

二人とも同じ五七歳。勢いには差があった。

早川は泣き落としに転じた。

＊

早川「今朝突然お伺いしたのは実は君の手紙を受け取ってから会社の重役を歴訪して穴水氏の株肩代わりのことを話したが、全部の重役が驚いて、そんなことになっては会社の基礎が安定を欠くから、こっちで肩代わりするよう先方に談判するがよかろうという人もあり、また甚だ不都合のことだから死守してくれと激励された人もあり、また買収資金の調達は及ばずながら自分がやるから会社のため社員のためその株をこっちに買い取ってくれたまえという人もあり、またかねてから穴水の株は当方で肩代わりしなければいけないと言うていたが、しかし今でも遅くはないからこちらに買い戻すようにしたまえという人あり、畢竟するに、穴水氏の株を当方に買い取るということが会社の重役の一致せる意見である。また社員は穴水氏の株を君が肩代わりすると新聞に出たもので大いに驚き、課長連中は地下鉄社員三千五百名のために奮闘して貰いたい、社員一同も一致団結して出来得る限りの力を尽くします、私ども（社員）が今日まであらゆることに堪え忍んできたのは将来の繁栄を見越したればこそである、今日漸く会社の基礎が確定したところへ他人が来て資本の力で会社を自由にしようなどということは実に資本主義の弊害でまた専務が今日まで苦労したことに対してもそのようなことがあってはならぬ等、彼らは真剣になって僕に訴えるのである。それはそれとして根津社長が洋行せられる前日に、社長と社長が留守中に処理すべき重要事項十項目について相談したのであるが、その十項目中に穴水氏の株肩代わりの件もあって本件については留守中穴水氏から株式を買い取るようなことがあればこれに関してはいっさいを任せてくれることになって居る。だから君が約束どおり穴水氏の株式買収契約前に相談してくれたら僕のほうでは何の異議なく穴水氏の株を買い取ることに決まったのであるから、今日は僕から君に君のほうで穴水から買い取る株式の全部を僕に譲って貰いたいとお願いする。君との約束のこともあるから是非僕の申し出を聞いてくれたまえ」

五島「そりゃ困ったね。穴水氏が河西や早川には売らぬ、君（五島）だから売るのだと言っていた株だから、あの株を君のほうへ引き渡すわけにはいかんよ」

早川「穴水が自分らの持ち株を代表して地下鉄会社に三人の重役を出しておきながら地下鉄道側の者に一言の挨拶も無く他の方面に全部の株を売却するということは変であるが、河西、早川には売らぬといったところでそれは穴水が直接僕らに売らぬというので、君に売った後に君が僕らに売るのは差し支えないではないか。それに君は穴水の株が東京市に行くことを恐れてこれを押さえておいたというのであるから、東京市に行くことを押さえた以上は君が穴水の株を肩代わりした目的は完全に果たされたのであるから僕のほうに譲渡してくれてもいっこうに差し支えないように思われるね。なお東京市の交通統制に対する君の意見と僕らの意見とはいささかも相異して居らぬ。君も僕も交通統制には賛成であり統制後の経営主体についても君も僕もともに民営説でこれらの点では何らの異なりも無い。そして東京高速鉄道と東京地下鉄道とは共存共栄の会社で路線からいうもいささかも競争会社となっていないのであるから、是非全部の株式を僕に譲渡してくれたまえ。そうすれば総てが円満に行くからこのことを門野社長にも話して株式全部を譲ることにしてくれたまえ」

＊

東京高速鉄道のトップは門野重九郎社長である。いっぽう、東京地下鉄道は根津嘉一郎が社長。両社とも、実質経営者は常務の五島であり専務の早川である。

早川は泣き落としがだめならと、つぎに論理の隙間を攻めていくが、五島は売る気がないから論理に対して論理で対抗しない。居直ってしまえ、がホンネであったろう。

＊

五島「もう買ってしまったのだからどうもそういかんなあ」

早川「それは変な話だと思うがとにかく地下鉄側の意の有るところを門野社長、脇（道誉）専務に伝えてくれたまえ」

五島「それなら僕のほうでいったん断ったのであるが、君の申し出のことは門野・脇両氏に伝えておこう」

早川「それからさっき東京高速鉄道の重役会に提出する文書だというて僕に見せてくれ

たガリ版の中に僕が東京市に向かって地下鉄道の売り込み運動をしたというようなことがあったが、僕は元来民営説で交通調整の特別委員会でもこれに関し民営説を陳情して速記録にも記載されているような次第だから頼母木市長にはもちろん、いかなる人にも地下鉄会社を売り込むなどということを言ったことがないがどういうわけでそんなことを書いたのだね」

五島「名前はここで言うことは出来ないが現在東京市の重要な役目をしている一人と先頃辞めた一人から聞いたのだよ」

早川「もし君がそういう人から聞いたということなら何かの間違いだろう、自分の立場からもまた責任上からいうてもゆゆしき問題であるからその人たちと立ち会いのうえで事実の有無を確かめたい」

五島「立ち会いの必要も無いであろうからそれでは取り消すことにする」

早川「では必ず取り消してくれたまえ」

早川は五島を、ついに寄り切ることができなかった。

＊

五島は穴水株を買った時点で、すぐに南米航海中の根津に電報を打っていた。五島は用意周到だった。早川にはただとぼけてみせたのだ。

根津は、竣成したばかりの一万三〇〇〇トンの「あるぜんちな丸」の世界一周処女航海に当たり大阪商船社長に口説かれ、主賓船客として七月一五日に神戸港を発った。香港、シンガポール、コロンボ、ケープタウンを経由、リオデジャネイロ、ブエノスアイレスなど南米を周りパナマ運河を通過しロスアンゼルスに立ち寄り、三カ月後の一〇月一七日に横浜港に帰国する予定だった。

東京地下鉄道社員らにとって、すでに七九歳になっていた根津は期待はずれだった。帰国すると静養と称して熱海に籠ってしまう。課長の代表にこう喋っているが、耄碌(もうろく)している感じだ。

「この問題でみんなが心配して騒いでいるのが俺アーおかしいくらいだ。五島はこの間わしの所へ来ていろいろ話をしていったが、いま地下鉄をどうこうしようなどとは一言も言っておりません。株の五十万や六十万集めたからって、直ぐどうなるというものではない。第一いまはそんなご時世ではない。ことに公共事業というものは株の力だけでどうこうしようとしても監督官庁が許すかどうかわからん」

「地下鉄の社長はわしだ。俺に相談なしに勝手なことはできないはずだ。株をみんな買われたって、重役が全部向こうについたって、俺アー目の黒いうちは勝手な真似はさせぬ」

だが世界一周の船旅で疲れたのか、根津は翌昭和一五年一月四日、風邪をこじらせ肺炎であっさり死んでしまった。

†ほんとうの勝者はいたのか

早川と東京地下鉄道はいよいよ窮地に立たされる。

『東急五〇年史』も、根津が消えたことで「事態はいっそう紛糾」したと解釈している。たちまち東京地下鉄道で二つの株主総会が開かれるまでの騒ぎとなった。

「両者は個別に株主総会を計画するところまでいってしまった。早川側は三月九日に上野精養軒で、五島側は三月一四日に帝国ホテルで開催を予定し、それぞれ株主獲得に奔走したのである」

早川の秘書栗原長雄はこう証言する。

「珍しいストライキでね。普通は労働者対資本家だけど、両方がいっしょになってのストライキですから。社員と重役が手を握るのは不思議な光景です」

東京地下鉄道側は社員が一丸となって東京高速鉄道に吸収されることに反対した。株の過半数を制覇している五島側の株主総会が開かれれば、万事休す。「レールを枕にして討ち死に覚悟のストライキも辞さない」と。三五〇〇〇人がストライキの準備に入った。地下鉄部門だけでなく青バスや城東電車、西武鉄道から経営を委託されていた荻窪線にまで、ストライキが波及する予定だった。

ストライキの先頭に立った若い社員らが、当時の鉄道省監督局鉄道課長のもとに陳情に出かけた。昭和三九年から四七年（一九六四年から一九七二年）まで七年八カ月間総理大臣を務め、昭和五〇年（一九七五年）に七四歳で死去した佐藤栄作が、鉄道課長であった。当時の部下藤川福衛は、佐藤が東京地下鉄道の社員に忠告した内容を憶えている。

「若い時に信念をもって邁進することは、良い経験になる。しかしながら世の中のことは、青年の情熱どおりになるものでないことを察知すべきである。とりわけ、今の世の中が非常事態にあることに鑑み、慎重に行動しなければならない。勇み足をやり、却って相手方に付け込まれては困る」（『鉄道人　佐藤栄作』）

佐藤はあたかも東京地下鉄道社員の意を受けたかのように行動した。

「高速鉄道側が、合併を決議する株主総会の前提として緊急役員会を開いた時、佐藤課長は単身で会社に乗り込み、役員会場の隣室に座って、最初から最後まで役員会の形勢を見

守ることによってこれを流会に導き、したがって合併案が消えうせ、お蔭でストライキが不発に終わることを得た」（同前）

栗原も、佐藤が「重役室の隣室に腕組みをしてドッカリ座り込み、会議の最初から最後まで、そのまま頑張り通し、無言の威圧をもって、とうとうこの会議を流会としてしまいました。佐藤氏の見識と度胸は、実にたいしたものでした」と証言している。

ストライキは発動寸前で中止された。

「この状態を放任する時は結局高速系の資本的な地下鉄乗っ取りに対し、地下鉄側は現重役のみならず従業員まで渦中に投ずることとなり、これが社会に及ぼす影響の重大性に鑑み、監督官庁たる鉄道省では八日午前中、高速側の代表者たる五島慶太並びに脇道誉両氏を本省に招き有志株主会の取り止め方を交渉、その承諾を得、ついで地下鉄側早川徳次並びに高木謙吉（筆者註――取締役総務部長）両氏を招き同じく有志株主会の取り止め方を承諾させた。而して鉄道省は同時に妥協条件を提示したので、鉄道省の調停により両者の妥協が成立するものと見られる」（中外商業新報、昭和一五年三月九日付）

佐藤自身は自伝『今日は明日の前日』で、自分の役割を見つめ直している。

「東京地下鉄のほうはその当時だから労働組合はないが、全職員が東急に合併されることに絶対反対の旗をあげた。臨戦態勢のもとではあるけれども、こういう資本主義的なことを露骨にやるならば、われわれはレールを枕に一戦交えてストライキもやるというので、たいへん険悪な状態だった。監督局鉄道課長としてはそれを放置しておくわけにはいかない。ところがこの問題は、早川徳次は当時の日銀総裁結城豊太郎が非常に目をかけた人だし五島慶太は若手の鉄道界のやり手である。その二人の争いだから、大臣も次官も局長もなかなかこれを取り上げようとしない。そこで五島は私のところへ認可を求めてきたわけである。私は商法上の規定はさることだけれども、地下鉄の祖である早川徳次の地下鉄を株の買収によって経営権を握ろうという行為にどうしても賛成できない。私は極力反対した。そうするとパンフレットを出して商法上の当然の権利だとやかましくいう」

五島はかつて鉄道院総務課長だった。佐藤は二二年後の昭和一五年六月、同じ役職についている。

五島はつねづね鉄道公営に反対の発言をしている。役人時代の体験が一つのきっかけなのだろう。実際、穴水株を購入したのは地下鉄の東京市営化を防ぐため、と主張してきた。

佐藤が登場した結果、どういう事態が招来したのか。彼の考え方を示しておくことにする。

「当時の私の主張は、地下鉄は普通の自由経営の事業ではない。公共事業であり運賃についてもまた別に監督もすることになっており、経営者としての責任は他の商法上の会社とは別に考えるべきであり、したがってここに行政的な指導もある、この種のことが許されると東京をはじめ各地で運営されている私鉄の事業経営にも重大な動揺を与える。また株も不当に変動するだろう。株まで買い占めてやるということは、業界のためによろしくない。これが、私の反対の主張であった」

交通機関の公共性、という論理を前面に押し出している。私企業に行政が介入する統制経済の発想が滲んでいた。

もちろん、行き過ぎた行政指導に反対するのは当然の権利である。五島は政治家に働きかけた。猛烈だった。佐藤の自伝によると、鉄道省の次官、大臣、さらには陸軍大臣にまで陳情したという。

結局、鉄道省は調停を第三者に委ねるというかたちを採った。仲裁人として八田嘉明（東京商工会議所会頭）、宝来市松（日本興業銀行総裁）、利光鶴松（小田原急行鉄道社長）が委嘱された。

「ところが宝来さんは地下鉄総裁の早川の味方で、また同時にこれが（日銀総裁）結城豊太郎の子分だから、その話をするときは必ず結城さんの意向を聞いて話を進めていた。長い間すったもんだしたけれども局長や次官はこんな喧嘩のなかに入らないし、お三方も自分たちで原案を作らないので、課長の私が作った。結局半年ばかり冷却期間を置いて、東横側の効力が発生するようにし、また早川徳次を遇する道を立てるということで仲裁案を作り、それを双方に承知させた」

仲裁人の裁定が出たのは昭和一五年七月一七日である。『東急五〇年史』ではこの裁定について「いわば、喧嘩両成敗であった」としているが、早川としては趨勢を覆すには至らない。いや完全な敗北であった。

両成敗に見える部分は、「早川徳次氏は地下鉄道取締役を辞任」「五島慶太氏は高速鉄道常務取締役を辞任」と書かれているところだろう。だが注意深く読むと、早川は社長と同時に取締役を辞任したのであり、五島は常務を辞任したが取締役を辞任してはいないのだ。ほかに裁定では、東京高速鉄道の東京地下鉄道への経営参加は認めるが、株主議決権は棚上げにする、とした。役員として入ることはできても、乗っ取りはできないという意味である。

†統制経済と元の木阿弥

やがて佐藤のもくろみが実現する日がやってくる。「陸上交通事業調整法」にもとづいて交通事業調整委員会は、両社を「帝都高速度交通営団」として一本化する、という答申を出した。

営団設立のために政府は、昭和一六年の第七六議会に帝都高速度交通営団法案を提出、満場一致で可決された。その結果、七月四日に政府（鉄道省）、東京市、私鉄各社の出資で、帝都高速度交通営団が誕生するのである。

営団地下鉄が誕生して間もない昭和一七年一一月二九日、早川は心臓発作でポックリ逝く。六一歳だった。

佐藤は陸上交通事業調整法を大義名分とした。各私鉄がばらばらに鉄道敷設を企画するのは、非合理的で資金の浪費を招く。よって、国策に沿って無駄なく合理的な運輸行政が遂行できる営団にするべきである、と。

しかし、この佐藤の論法は、五島がこれまで池上電鉄や玉川電鉄を合併する際に用いた方便に重なる。それだけではない。東京地下鉄道を乗っ取ろうと穴水株を買い取る際にも陸上交通事業調整法を前面に押し出してきた。国策優先の統制法の論理を推し進めていけば、必然的に私鉄は一元化され、さらに官営化すべき、という論法になる。したがって陸上交通事業調整法は、五島にとって両刃の剣になるはずであった。

五島は昭和一六年九月二〇日に小田急電鉄社長、一一月二五日に京浜電鉄社長に正式に就任した。翌一七年二月一六日、鉄道大臣八田嘉明につぎの内容の合併事由書を提出する。

「東京横浜電鉄、京浜電気鉄道、小田急電鉄の三社の営業区域は、鉄道省山手線品川駅より新宿駅に至る区間を境として、帝都西南郊外の全地域を三分しており、ともに同一社長の下に経営せられ、これが運営上、ともに密接なる関係を有している。ついては、今般鉄道省の勧めもあり、これら三社を合併して、経営方針を一元化し、事業の合理化を図り、帝都交通の円滑なる運営を期するとともに、極力、人と物と費用とを節約し、その剰余を国家緊要の方面に提供せんとす」

三社の社長を務めている、その実績をもって合併の理由としたのである。

かくして大東急が誕生する。商号は東京急行電鉄。首都圏の南半分の私鉄はほとんどすべて五島の支配下に入った。社史はいかにも誇らしげである。

「三社合併によって、東京市の城西南地域から神奈川県一帯の交通機関を一手に経営することとなった。まず、鉄軌道業について見ると、従来からあった当社の東横線、目蒲線、大井町線、池上線、玉川線の五線七九・五キロメートルに加えて、京浜電気鉄道から京浜線、湘南線、穴守線、大師線など四線六七・六キロメートル、小田急電鉄からは小田原線、江ノ島線、帝都線（現井の頭線）など三線一二三・九キロメートルが当社所属線となり、総営業キロ程は二七〇キロメートルを数えるに至った。また従業員数は、従来からの五四一〇人に加えて、京浜電気鉄道の三二六三人、小田急電鉄の一八三三人、合計五〇九六人が増加して一万五〇六人もの大世帯となった。車両数も、京浜電気鉄道の一二七両、小田急電鉄の二四四両を合わせて六〇三両となって、輸送力は大幅に向上し、一日平均乗車人員は一三六万三三三六人を数えることとなった」

東京地下鉄道の株を買い占める際に協力した穴水熊雄が、京王電軌の社長だったのは皮肉な因縁と言えよう。

「東急側は、京王バスの路線が東急バスの事業区域内にあることは運行連絡上きわめて密接な関係があるとして、陸上交通事業調整法の主旨を前面に押し出し、積極的に合併をはかってきた。話は非常に難航したが、京王電軌の社長であり大株主でもあった穴水熊雄は、周辺の諸般の情勢を考慮して、やむなくその所有株式の譲渡に同意、合併を承諾したのであった」（『京王帝都電鉄三十年史』）

穴水は「周辺の諸般の情勢を考慮」せざるを得なかったのだ。もはや五島は一介の私鉄経営者ではなく、自ら陸上交通事業調整法そのもの、その権化に成り上がっていたからである。

五島が運輸通信大臣に任命されたのは昭和一九年（一九四四年）二月一九日、京王電軌合併の三カ月前だった。五島の運輸通信大臣の在任期間は半年足らずにすぎない。昭和一九年七月一八日、東條内閣が瓦解するまでであった。

敗戦後、五島は東條内閣の閣僚を務めたことが問われ、公職追放処分となった。その間に大東急は、独占禁止法に抵触することを恐れ、いったん解体し再生する道を選んだ。総営業キロ数三一九キロ、総車両数四六九両から、東横線、目蒲線、大井町線、池上線、玉川線の五線合計七九キロメートル、車両数一九六両へと大幅な縮小を余儀なくされた。

第７章
利用者のための公共性

うだるような暑さがつづいた夏だった。残暑は九月に入っても持ち越して、気温三〇度以上の真夏日はこのままずっとつづくのではないか、日本は熱帯になってしまったのか、と錯覚するぐらいであった。結局、都心の真夏日日数は七一日となり、明治九年（一八七六年）に観測開始してからの最多記録を更新することになる。

この日、九月二日も気温は三五度に近い。新宿の高層ビル群は強い陽光を鏡のように眩しく反射させていた。

四八階建ての都庁本庁舎ビルの七階フロアーにある大会議室は天井が高い。重要な会議が開かれる場所だ。「東京の地下鉄を考える懇談会」の初会合は四時から六時まで二時間、終わりまでつねに休みなく誰かが発言しているという沸騰した討議だった。

†有識者による「東京の地下鉄を考える懇談会」

各界で活躍する有識者が集まった「東京の地下鉄を考える懇談会」のメンバーは交通政策の専門家として中村英夫（東京都市大学学長）、家田仁（東京大学教授）、中条潮（慶應義塾大学教授――この日は欠席）、経営と会計の専門家として樫谷隆夫（公認会計士・税理士）、冨山和彦（元産業再生機構代表取締役専務、現経営共創基盤代表取締役）、勝間和代（経済評論

写真5　東京の地下鉄を考える懇談会（第１回）

（2010年９月２日、東京都庁第一本庁舎7階大会議室）

家・公認会計士)、さらに都政を知り尽くしたジャーナリスト塚田博康(元東京新聞論説委員)、道路公団民営化委員で苦労をともにした大宅映子(評論家)、気鋭のアートディレクターでユニクロのロゴでもよく知られている佐藤可士和(サムライ代表取締役)と、多角的な視点から論じ合う最適のメンバーが集合した(写真5)。

冒頭、僕は多忙ななか猛暑にかかわらず集まっていただいたことに対する謝辞と問題意識を述べた。

「東京の地下鉄は、高度成長期にインフラ整備を急がなければならなかった歴史的経緯があり、帝都高速度交通営団と都営地下鉄と二元化されています。二〇〇四年に営団地下鉄が特殊会社化されて、二元化体制がそのまま現在に至っており、首都東京の地下鉄の二元化は、運賃体系の違いや二重改札など、利用者の利便性向上の妨げになっております。利用者の利便性の向上と地下鉄ネットワークの充実のために、幅広くご意見をいただきたい。地下鉄一元化をどうやったらできるのか。我われ自身、皆さん一家言あるのですが、中身を詰めていって互いに深め合っていきたい」

討議は乗り換えなどサービスの一体化のためにはメトロと都営の経営統合が必要、という方向に収斂していった。

「地下鉄のようなインフラ型産業は、先行投資・長期安定回収型であり、メトロと都営の財務状況の違いは、投資回収タイミングの差だけ」

「ガバナンスが別な状態でのサービス統合はたいへん。経営統合なくしてのサービス一元化のほうが難しい」

「東京の鉄道網は、安全だし、立派な面もあるし、個々に頑張っているが、サービス面での課題はまだある。違う会社があるがゆえの固有のサービスの悪さの問題もある。課題解決の答えは、経営統合がベストチョイスかもしれない」

「メトロの民営化は、道路公団とは違い、とにかく民営化することがいちばんよいことだというようなことで、あまり中身を精査せずに行ってきたのではないか」

「ユーザーが長期にわたって歓迎し、東京の発展につながるようなことをこの際、ぜひ考えるべき。メトロの営業キャッシュフローをもっとユーザーのために使うべき」

「メトロはこれだけのおカネ（キャッシュフロー）を、どれだけ有効に本来の公共の目的に還元できるかという枠組みをつくっていかなければいけない」

「サービスの一元化については、これまでも相互直通とか乗り換え運賃割引とか、その他いろいろなことを努力はしているが、その努力を徹底してやるというところにおいては、まだまだである」

「料金の違いや路線図も少しわかりにくいので、ほんとうに統一してもらったほうがわかりやすいのではないか。メトロと都営のサイン表示もわかりにくい」

「東京がこれからグローバル化していって、海外の人が来たときに（地下鉄の表示が）誰でも一発でわかるような情報の整理ができていると、すごい都市だなと思われ、けっこうな顔になるんじゃないかと思う」

「地下鉄をより使いやすいものにしてほしいという願望はある。パリの地下鉄は乗り換えの案内がわかりやすい。使い勝手がよくてコストが安くなっているというのが理想」

「交通基盤をどう整備していくかは、自治体である東京都が本来は主体になって進めるべきこと」

「これからの東京の発展のためには、都心居住の回復が求められる。そのためには公共交通の充実が不可欠。つまり、利便性の向上・サービスの一体化、すなわち、経営の一元化が必要」

　もちろん討議はただの意見交換ではなく、これまでの「東京の地下鉄の一元化等に関する協議会」に提出した資料や各委員が提出した資料など、根拠を提示しながら行われた。

さらに新しいデータを突き合わせながら一〇月二六日にもこの有識者会議が招集され、討議がつづいた。

†会社を元気にし、サラリーマンを元気にするために

有識者会議を開き、また政府との協議も繰り返し、六月二九日の株主総会を含め、地下鉄一元化の流れは、夏から秋にかけ中身の議論は質においてもかなり深まり、歳暮の季節のぎりぎりまで動きがつづくのである。

一二月七日に岡村正・東京商工会議所会頭（元東芝社長、日本商工会議所会頭でもある）と話し合った。一一月八日に都庁五階で行われた国際会議「アジアネット21」で岡村会頭がプレゼンターとして石原慎太郎知事の横に座っていることを庁内放送（テレビ中継）で気づき、「そうだ」と僕は六階の副知事室から会場まで走っていった。

岡村会頭の椅子の横に中腰になり、耳に囁いた。

「地下鉄一元化で企業が支払う定期代がかなり安くなります。一度、東京商工会議所までお伺いさせてください」

後日、そちらに出向きます、と返答があった。

東京メトロと都営地下鉄を一元化すると、どちらかの料金体系に合わせなければならない。初乗り運賃はメトロが一六〇円で都営は一七〇円、二一ページの図表⑤で示したが両者はその後も距離に応じて上昇する度合が違う。低いほうのメトロに合わせると初乗りが一〇円下がる。運賃の上昇度合もメトロに合わせると運賃の値下げになる。そしてもっとも重要なことは、別の会社の路線に乗るために再び初乗り運賃を支払うということだ。二重払いを避けるためにわざわざ大回りをしている利用者も多い。

都営運賃の値下げによる減収額を試算すると一九〇億円である。

運賃の二重払いは地下鉄側にとっては利益である。その二重払いがなくなれば地下鉄側に減収が発生する。加えて、路線間の乗り換えがスムーズにできれば距離が短くなるからその分の運賃も下がる。その減収額は二七〇億円。

乗り継ぎ客の数は、パスモやスイカなどで自動改札を通過するときに記録され、それを集計できるので減収額は推定可能なのだ。

減収額は一九〇億円＋二七〇億円の合計で四六〇億円と推計されている。

図表㉖をご覧いただきたい。

都営地下鉄は通勤定期の客が約四割である。この比率は東京メトロにもほぼあてはまると考えてよい。会社がサラリーマンに支払う交通費は減収額四六〇億円の〇・四倍と見ておよそ二〇〇億円が経費節減となる。もちろん会社には営業マンの外回りなど定期外の支払いもあるだろう。定期をもたない自営業者や主婦、非正規雇用の人など交通費が自己負担の人たちにも負担軽減になる。

図表㉖ 都営地下鉄の乗車料収入の構成比（2009年度）

		構成比
定期（通勤＋通学）		43.1%
	通勤	39.7%
	通学	3.4%
定期外		56.9%
計		100.0%

副知事室を訪問した岡村会頭と杉山清次副会頭（元みずほ銀行頭取）に図表㉖をお見せして一元化への協力をお願いしたのである。もちろん、即答いただいたわけではない。企業にとってどちらが得なのか、事実を提示することで、思考を深めてもらえればよいのである。公共料金に近い性質をもつ地下鉄の通勤定期代を値下げすることで、減税に匹敵する効果を生み、企業活動を後押しする成長戦略にもなる。

経営側にとっては経費節減だが、それだけではない。通勤地獄にあえぐサラリーマンにとっても負担軽減になる。企業は通勤定期代をなるべく安くしようとするから、サラリーマンは最安ルートの定期代で通うように強いられる。最短ルートではなく、最安だが遠回りのルートを強いられているサラリーマンは少なくない。

本書の冒頭「はじめに」で東京の地下鉄の混雑率は異常だと説明した。東西線は二〇〇%近い。乗客は荷物のように隙間なく詰め込まれ、運ばれるのである。

一元化が実現すれば、運賃が安くなると同時に所要時間が短くなるケースが増える。遠回りしなければ乗る距離が短くなるので総乗車時間が減る。混雑路線から他路線への分散化が進み、路線全体が平準化されることで混雑率が緩和される。

図表㉗の「地下鉄各線の主要区間の混雑率」をご覧いただきたい。

東西線の約二〇〇%はさきに記したが、銀座線は一六一%、都営浅草線は一二二%で混雑率が偏っている。銀座線も浅草線も日本橋周辺から銀座や新橋までほぼ平行して走っているのだから運賃共通化が実現すれば平準化するかもしれない。東京メトロの九路線と都営地下鉄の四路線が一体のものとなれば平準化は進むはずだ。

通勤地獄を少しでも解消してサラリーマンに元気で会社に出てきてもらうことはヤル気の面での成長戦略だろう。通勤で精力を使い果たしていたら、仕事の活力も生まれない。地下鉄一元化による利便性の向上は、だから企業の通勤費負担の軽減だけでなく、サラリ

図表㉗ 地下鉄各線の主要区間の混雑率（2009年度）

事業者名	線名	区間	混雑率(%)
都営地下鉄	浅草線	本所吾妻橋→浅草	122
	三田線	西巣鴨→巣鴨	139
	新宿線	西大島→住吉	154
	大江戸線	中井→東中野	162
東京メトロ	日比谷線	三ノ輪→入谷	156
	銀座線	赤坂見附→溜池山王	161
	丸ノ内線	新大塚→茗荷谷	157
	東西線	木場→門前仲町	197
	有楽町線	東池袋→護国寺	167
	千代田線	町屋→西日暮里	178
	半蔵門線	渋谷→表参道	170
	南北線	駒込→本駒込	146
	副都心線	要町→池袋	106

ーマンを元気にさせ、ひいては日本経済も元気にできる道なのである。

†株主の利益と利用者の利益が相反する場合

しかし、一元化を阻む壁がある。

二〇〇一年一二月一九日の閣議決定「特殊法人等整理合理化計画」で道路公団の民営化が決まったとき、営団地下鉄も民営化が決まったが、民営化までのプロセスが違った。道路公団（日本道路公団、首都高速公団、阪神高速公団、本州四国連絡橋公団）の場合には民営化推進委員会がつくられた。そこで民営化のあり方を審議した。だが東京メトロについては本格的な審議が行われず、翌二〇〇二年一二月一八日に東京地下鉄株式会社法がつくられた。

東京地下鉄株式会社法の第一条に「東京地下鉄株式会社は、東京都の特別区の存する区域及びその付近の主として地下において、鉄道事業及びこれに附帯する事業を経営することを目的とする株式会社とする」と書いてある。あたりまえのことだが、帝都高速度交通営団が廃止され、名前が変わったが、やっていることはすべて引き継がれた。出資金の比率に応じ株式が割り当てられた。国（政府の財産は財務省理財局が管理）が五三・四%、東京都が四六・六%である。

この法律は、特殊法人を株式会社という名前にしましたという経過的な法律である。私鉄ではない。附則第二条に「できる限り速やかに法律の廃止、その保有する株式の売却その他の必要な措置を講ずるものとする」と記されている。問題はここだ。

僕が座長となってつくった有識者会議（「東京の地下鉄を考える懇談会」）でも、混雑率についてこんな意見があった。

「(株式を売却すれば）これはあたりまえですが、非常に短期利益に厳しい外国人の投資家も当然入ってまいります。そうなると株主利益の最大化と利用者還元は相反する。このまま上場すれば利益だけがどんどん積み上がり配当が増える。都営地下鉄との統合となれば利用者還元による減収要因になりますから、株主の立場からそんな減収になることはやめてくれ、となりますね」

たしかにその通りだ。では統合以外に混雑率を緩和する道があるのか。

「これほど地下鉄が混雑して痴漢が問題になるような国も都市もどこにもない。外国の企業の秘書の女性がそんな都市へ行きたくないと言ったくらいです。地下鉄を複々線にして急行線をつくればよくなりますよ」

混雑率を緩和するために複々線をつくるのがよいのかどうかの判断は議論が分かれるかもしれない。都心の地下鉄の公共性を考えるうえで「利用者の利便性向上の視点」「経済性重視の視点」「都市づくりとの整合性の視点」という三つの角度から考える必要があるから。ただ、現状で法律に記されたメトロ単独の民営化では、大きな投資は行われないし不可能だ。別の委員が言った。

「それは無理ですね。メトロが上場して株式公開したあとには新線をつくらない。つくらないほうが利益が上がる。株主の論理から言うと、ぎちぎちいっぱい（お客さんを）積んでもらっていくというのがいちばんいい。収益構造としてはそのほうがいい」

†役人の文章に誤魔化されるな

実際に東京メトロの「有価証券報告書（二〇一〇年六月）」で、「営団を廃止し、株式会社である当社を設立して民営化していくという国及び東京都の方針は、営団の設立目的である『地下鉄網の整備』に目途が立ったことから決定されたものであるという経緯も勘案し、当社は、平成二〇年六月一四日に開業した副都心線を最後として、今後は新線建設を行わない方針です」と述べている。この文章はわかりにくい。わざとわかりにくくしている。二つに分けると主語がはっきりする。

「営団を廃止し、株式会社である当社を設立して民営化していくという国及び東京都の方針は、営団の設立目的である『地下鉄網の整備』に目途が立ったことから決定されたものであるという経緯も勘案し」と「当社は、平成二〇年六月一四日に開業した副都心線を最後として、今後は新線建設を行わない方針です」とは別である。後半の「当社は……新線建設を行わない」というところが結論である。

新線を建設しないなら、利用者還元をどうするか。「都営地下鉄との一元化」を「事業等のリスク」の項目の一つと挙げて経営の一元化を否定するだけでなく、サービスの一元化にさえ否定的で「サービスの一体化の検討の結果によっては、当社グループの業績等に影響を及ぼす可能性があります」と、結局は現状を解決する意思が見られない。

　気持ちは上場へ、上場へと浮足立っている。二〇〇四年四月に株式会社になったときの「中期経営計画」では「できるだけ速やかに株式上場」とあった。東京メトロは三年毎に「中期経営計画」をつくる。三年後の二〇〇七年の「中期経営計画」では「計画期間内の株式上場を目指す」とされた。それから三年が過ぎ、二〇一〇年三月末に新しい「中期経営計画」案を東京都にもってきた。

「中期経営計画期間中におけるできる限り早期の株式の上場を目指します」とあり、「中期経営計画期間中」とは三年以内なので、石原知事はこの文言を削除せよ、と相手側に伝えるよう指示した。期間を明記した部分は削除されたが「できる限り早期の株式の上場を目指します」は残った。三年以内、という期限は消えた。それでよい。こういう文言は数値目標がなければ効力がない。役所の文章によく「当分の間」とあるが、実際には無期限と同義語なのだ。

六月二九日の株主総会のあと、「東京の地下鉄の一元化等に関する協議会」の開催が決まった日、前原誠司・国交大臣（当時）は「都営地下鉄の長期債務が一兆円を超えるなど経営状態が悪い。（両地下鉄を）いっしょにすることは慎重に考えなければいけない」と記者会見で述べている。

こういう一般論は無難である。とりあえずこう言っておいてください、と役人に説明されたものだろう。

第一回の協議会は八月三日だったが、第二回目は九月八日に開かれている。国交省側の代表者である本田勝・鉄道局長は、二回目のときには航空局長に転出している。

羽田国際化を早く進めてくれ、と僕が東京都の代表として交渉したときの鈴木久泰・航空局長はその後に海上保安庁次長となり、現在は海上保安庁長官で尖閣諸島の中国漁船衝突事件で忙しい。鈴木航空局長のつぎの前田隆平・航空局長との間で羽田国際化の交渉はある程度は片づいた。いざ一〇月三一日の国際化第一便が飛ぶ段になると、地下鉄一元化の協議会に出席していた本田鉄道局長が航空局長になっていた。

新しく転任してきた久保成人・鉄道局長は海上保安庁次長から転任してきた。役所の人事は既定のコースを玉突きのように動く。名前を憶えるのがたいへんだ。

久保鉄道局長が第二回目の協議会で「都営地下鉄の財務状態」に関して質問してきた。予想された質問である。

「都営地下鉄の財務状況は累積損失、長期債務が相当な額であります。この財務状況の違いは投資のタイミングの差だけとはいえ、どう処理されるのか知りたい」

前原大臣と同じことを言っている。

第二回の協議会は、東京メトロが利益剰余金をため込み、子会社に三九人の役員を送り込み、職員の給料が関東の大手私鉄のなかでいちばん高い、など「これが民営化なの？」というテーマが中心であった。

そこで一一月一七日に開かれた第三回の協議会では、都営地下鉄の財務状況を説明したのである。

まずは営団地下鉄が民営化されるときの「東京地下鉄株式会社法（メトロ法）」が国会で審議されたときの資料によると、都営地下鉄との一元化については、三つの条件をクリアすること、と記されていた。

○単年度経常損益の黒字化
○長期債務の大幅な圧縮（営業収益の三倍程度）
○累積欠損金の解消

これはあくまでも二〇〇二年の都営地下鉄の経営状況を前提にしたものだ。一〇年近く前につくられた前提は、実状と照らし合わせておかなければいけない。昨日の事実が、今日も同じままとして、さらに明日まで縛るのは役人の通弊である。これでは過去がすべてとなり、未来は拓けない。

単年度の経常収益は四三ページの図表⑨で示したように、二〇〇六年度に単年度黒字が出ている。投資と回収の時差を除けば経常損益の上昇トレンドは同じ、と書いた。

長期債務は一兆一一八〇億円（〇九年度現在）である。二〇〇九年度決算では、一一二〇億円の黒字を計上している。長期債務残高も大幅に減らしつつある。

図表㉘の上の棒グラフをご覧いただきたい。

都営地下鉄の債務の大半は二〇〇〇年度に開業した大江戸線建設によるものだ。大江戸線開業により、七四〇〇億円の債務増となったが、その後、九年間で五七〇〇億円を返済し、着実な債務圧縮をはかってきた。年平均すると六三〇億円のペースである。

図表㉘ 都営地下鉄の長期債務について

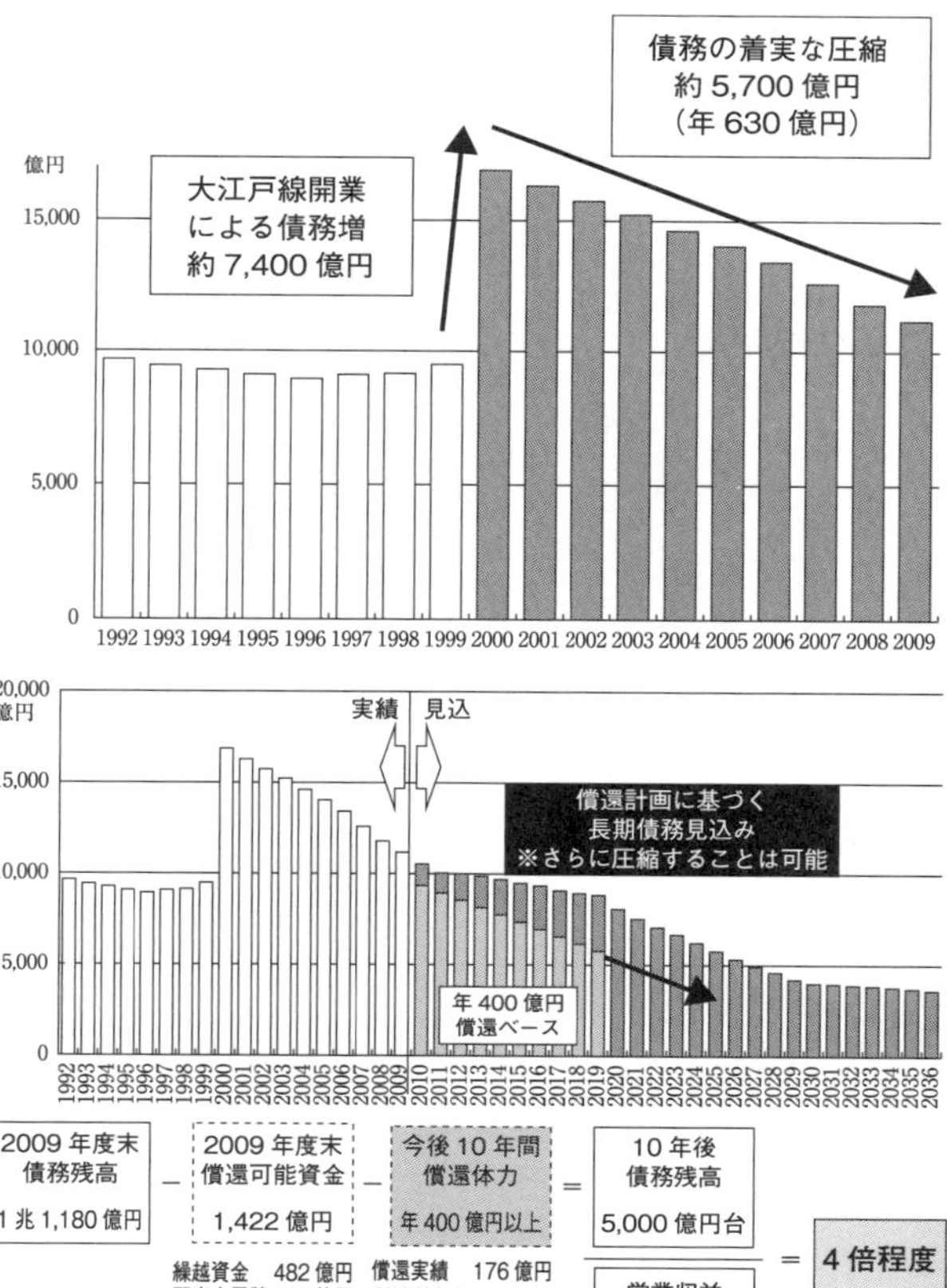

都営地下鉄は経常的に黒字転換を達成し、今後は大規模な新規投資も予定されていないので、引きつづき着実に債務を償還できる体力を備えている。毎年四〇〇億円以上と償還ペースを速める体力もある。

図表㉘下の棒グラフをご覧いただきたい。通常の返済の姿を示したのが濃い色の棒グラフだ。薄い色の部分の棒グラフは返済ペースを速めた場合の想定である。返済ペースを速める場合、棒グラフの下の数式でおよその感覚をつかんでいただきたい。いちばん左のハコに一兆一一八〇億円の債務残高。

二番の点線のハコを説明しよう。二〇〇九年度末に繰越しの資金を地下鉄の内部では約五〇〇億円弱、それからメトロ株の大株主として受け取った配当金がこの三年間で一〇〇億円強、さらに割賦償還金として大江戸線の分割払いはこの二年間で八〇〇億円を予定しているので、現在でも一四〇〇億円以上返済する体力がある。

左から三番目の「今後一〇年間の償還体力」の表示がある薄い色をつけたハコがある。年間のキャッシュフローで見た場合でも、二〇〇九年度ベースでも一七六億円返済している。利益剰余金が一二四億円あり、さらに毎年の配当金が四〇億円。債務が返済の流れで金利の減少など経費減で六〇億円が見込まれている。年間四〇〇億円の返済が可能である。その結果、つぎのハコを見るとわかるが、一〇年後には債務残高は五〇〇〇億円台になっており、営業収益は一三〇〇億円台なので、債務残高は営業収益の四倍ということになる。

いま四倍と書いたが、三倍とたいして差はない。国側は「長期債務の大幅な圧縮の基準を営業収益の三倍程度」と示していた、と先ほど記したが、なにを根拠としたものであろうか。「東京の地下鉄を考える懇談会」に集まった有識者のうち、経営や財務の専門家に訊ねた。

異口同音に答えた。

「三倍論ですか。経済学的、財務理論的な根拠はまったくないですね」

†不明確な「三倍基準」を振り回す愚

もともと三倍基準というものは、根拠があったわけではなく、営団地下鉄の民営化が国会で審議された二〇〇二年に、関東大手私鉄八社の平均が二・七倍で、営団が三倍で、都営地下鉄が一一倍だったのだ（そのときの決算データは二〇〇〇年度、大江戸線の開業はその年の一二月である)。

九月八日の第二回協議会で「三倍基準は客観性のある基準なのか証明してください」と言っておいた。そこで一一月一七日の第三回協議会で久保鉄道局長は、以下、苦しい弁明をした。

「平成一四年(二〇〇二年)にメトロ法案を提出する際に、東京都と国の調整過程において、国から東京都へお渡しした資料に〝三倍程度〟との記述があるのはおっしゃる通りです。あくまで一つの目安として提示したものだろうと思います。一元化のためにはそもそも株式価値を毀損しないこと。経営統合によってメトロの株式価値を毀損しないこと、そのためには、当時、単年度の経常損益の黒字化、過去の赤字の累積である累積欠損を解消する、債務の圧縮と。これは国会でも申し上げた話でありますが、その単年度の黒字は、平成一八年度より都営さんではもう黒字化されていると。それと累積欠損これは依然として何度も話をしているように四三〇九億円あります。長期債務の大幅な圧縮という点について、当時の同業他社の状況と比較をすると、参考に示したものであって、ただ、非常に多いですよねということのために示したものであると思います。あくまで目安だろうと思います」

はっきりしておきたい。「じゃあ、三倍基準はもう終わった話でいいのかな」と念を押した。

「三倍基準というか、長期債務がですね、あまりに多いとだめだというのは当然、副知事もご了解される点だと思いますけども、三倍を〇・一を超えたらうんぬんとかいう話ではなくて、あくまで目安として当時も提示したと理解をしております。三倍であらねばならないというふうに当時も出したわけじゃないはずですよ。目安なんですよね」

「では、三倍基準という言い方は終わったんだよね」

三倍基準は一元化の条件ではない、ということである。

三倍基準がただ間違っていると指摘することが目的ではない。

第5章の終わりにも確認したが鉄道経営のビジネスモデルの問題なのである。私鉄の場合は、沿線開発をしながら資産形成をするモデル、地下鉄は沿線開発で稼ぐことはできないが走っているところが金城湯池なのだ。

東急の鉄道収益は一四七三億円、不動産収入等一三五五億円である。借金が営業収益の三倍が基準なら、たしかに東急は三倍以内に収まっている。地下鉄はほとんどが鉄道収入である。鉄道収益だけで考えた場合、東急は六倍になってしまう。九州の西鉄は鉄道収益だけなら八倍になってしまう。鉄道収益は二三三億円で、その他収益は一〇五七億円であり、ほとんどがバス事業による収益なのである。

†営業係数がいちばんわかりやすい

一元化の障壁になっているとと掲げられた三つの条件のうち、「単年度経常損益の黒字化」「長期債務の大幅な圧縮（営業収益の三倍程度）」は片づいた。

もう一つ「累積欠損金の解消」が残っている。都営地下鉄の累積債務は四三〇〇億円である。

それほど難しい問題ではない。通常の企業会計の貸借対照表では、債務超過ならば銀行は新規貸し付けができない条件とするが、貸借対照表には事業を継続したときの将来の期待収益は織り込まれていない。将来の株価を算定する際には別の計算法（ディスカウントキャッシュフロー法など）があることはよく知られている。

都営地下鉄には有利子負債とは別に、公営企業であるがために無利子負債もあり、巨額の補助金を投入して資産を形成している地下鉄の特殊性もある。通常の企業会計とは異なるので、「東京の地下鉄を考える懇談会」に参加してもらった会計やM&Aの専門家に依頼して、国際会計基準（IFRS）にもとづいて都営地下鉄の財政状態を計算したものが巻末付録の「貸借対照表」である。

金融庁が国際的な会計基準の導入方針を決定したのは二〇〇九年六月である。二〇一〇年一〇月には三井住友フィナンシャルグループが取り入れたので話題になった。EUでは、二〇〇五年から強制適用されており、海外で事業展開する場合には必須と受け止められ始めている。

この国際会計基準にもとづく試算は、都営地下鉄の財務状況を「健全でポジティブ」と評価している（巻末付録参照）。

東京メトロと都営地下鉄の経営実態を表現するためにもっともふさわしい数値を示すとしたら「営業係数」だろう。

ほとんどすべてがトンネルで、しかも地中に張りめぐらされた無数の管の下を通り抜ける地下鉄は初期投資が大きい。一二五ページの図表㉑で示したように経営指標上の差異は、結局、投資タイミングの差なのだ。三〇代の人物がまだ学生時代の奨学金を返し終えていないけれど四〇代の人物はとうに返済終了しているようなものだ。奨学金を返し終えていなければその分の収入は目減りしても、要はいまどれだけ仕事ができているかである。

営業係数とは、営業収益に対する営業費用の割合を示す指標、わかりやすく言えば一〇〇円の収入を得るのにいくらかかっているか、である。八〇円の経費がかかるより五〇円の経費しかかからないほうがよい。一二〇円の経費がかかったらその事業は赤字なので、そのままつづければ債務超過に陥る。地方の第三セクターの鉄道は営業係数が一五〇であったり二〇〇であったりするが、住民の足として不可欠なので自治体の補助でどうにか支えられていることが多い。

図表㉙をご覧いただきたい。

メトロと都営地下鉄の営業係数の折れ線グラフである。大江戸線の開業は二〇〇〇年一二月であった。その直前の営業係数は一一二%だった。現在は八四%でかなりよい数値だ。メトロは七七%である。メトロのほうが経営効率はよい。しかし、近年その差は確実に縮小している。

さらに考えてみよう。この営業係数には減価償却費が含まれている。地下鉄建設にかかったコストは、減価償却費というかたちで年々、費用化されていく(単年で一括計上するのではなく、複数年にわたって少しずつ費用として計上されていく)。

営業費用には減価償却費が含まれている。一般的に地下鉄は、開業年次がうしろになれ

図表㉙　営業係数の比較

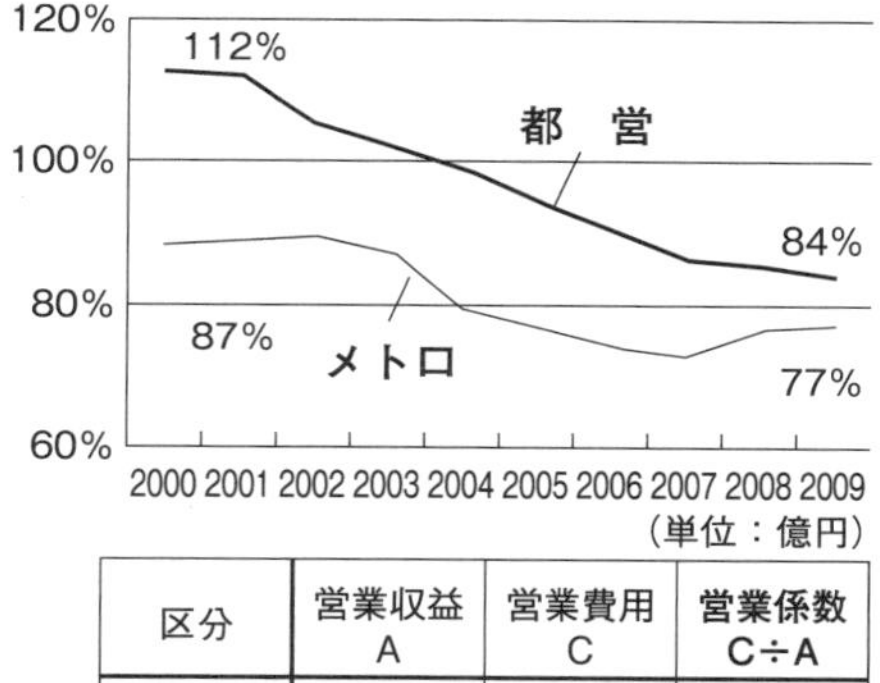

（単位：億円）

区分	営業収益 A	営業費用 C	営業係数 C÷A
メトロ	3334.89	2551.61	77%
都　営	1322.23	1115.92	84%

図表㉚　減価償却費を控除した営業係数の比較

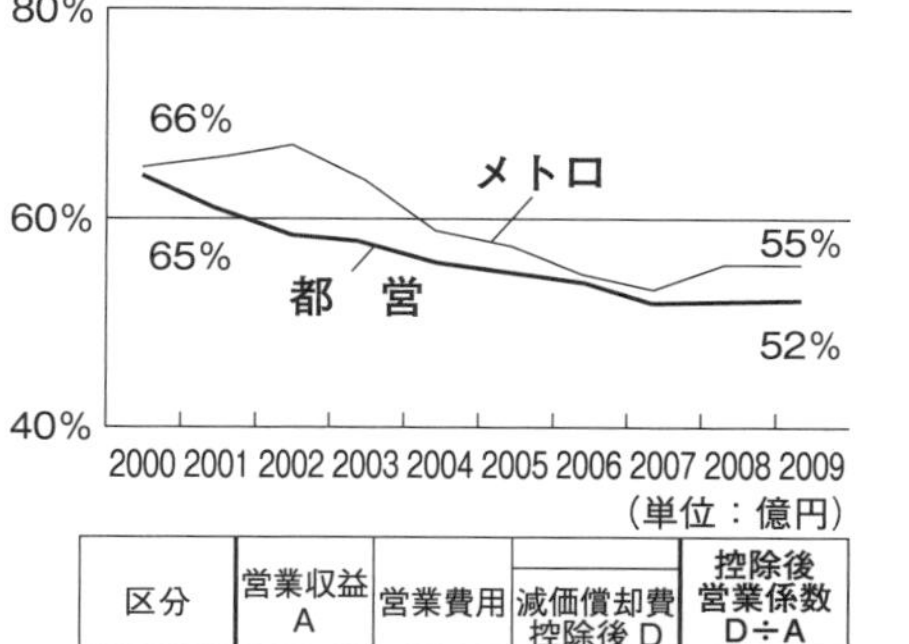

（単位：億円）

区分	営業収益 A	営業費用	減価償却費控除後 D	控除後営業係数 D÷A
メトロ	3334.89	2551.61	1840.88	55%
都　営	1322.23	1115.92	683.27	52%

ばなるほど上下水道管や他の地下鉄の下に敷設せざるを得ないため、深くなり建設コストは割高になる。古くから地下鉄を敷設してきたメトロと後発である都営を単純に比較することはできない。

そこで減価償却費を控除した場合の、人件費、電力費、システム経費など現金で支出する経費のみで営業係数を算出してみた。

前ページの図表㉚をご覧いただきたい。

営業係数は都営が五二％、メトロが五五％。逆転している。「東京の地下鉄の一元化等に関する協議会」第二回目でも示したが、人件費は一人当たりメトロが七九一万円、都営は七二八万円だった。こうしたことも影響していると考えられる。

ただし、都営のほうが運賃単価が高い。六キロまでの初乗り一六〇円のメトロと較べ、都営は四キロまでの初乗りで一七〇円であり、運賃上昇の勾配の角度にも差がある。都営のほうがメトロより速く運賃の上昇階段を昇っていく。

定期も含めた利用者一人当たりの単価は、都営が一四五円、メトロは一二八円で、都営のほうが割高である。この差額を補正して、営業係数を較べた。

図表㉛をご覧いただきたい。

図表㉛ 運賃単価を補正した営業係数の比較

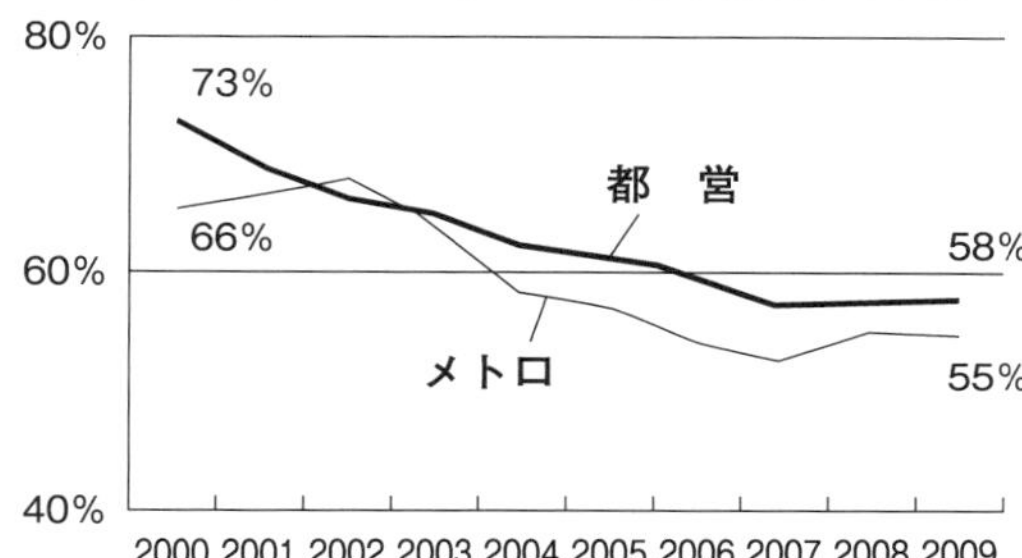

（単位：百万円）

区分	営業収益			営業費用			補正後営業係数 D ÷ 日
	営業収益 A	乗車料	乗車料補正後 B	営業費用 C	減価償却費	減価償却費控除後 D	
メトロ	3334.89	2952.90	3334.89	2551.61	710.73	1840.88	55%
都　営	1322.23	1226.40	1178.45	1115.92	432.65	683.27	58%

※「乗車料補正後 B」は、都営の乗車料をメトロ単価に合わせた（128円/ 145円）場合。

メトロ五五％、都営五八％とわずかではあるがメトロのほうが逆転して経営効率がよいという結果となった。

山手線の円内の金城湯池に地下鉄を建設・営業した歴史で先行しているメトロの経営効率のよさ、優位性は当然だが、運営単価の違いまで考慮しても、都営とメトロの経営実態を見た場合、後発であるためやむを得ず割高になっている減価償却費分を除くと、両者に大きな差はなく、経営的に遜色ない。

このように営業係数で比較するときわめてわかりやすいのではないだろうか。

†進化する地下鉄にさらなる進化を

地下鉄の利便性を考えたら一元化することは当然なのだ。前章までで地下鉄王・早川徳次と強盗慶太こと五島慶太の争いをおさらいしてみた。早川は先見の明があったが、資金不足に陥った。五島は郊外私鉄を不動産業として位置づけることでビジネスモデルをつくり、そのやり方が徹底していたので他の私鉄を圧倒した。

早川の苦労から学ぶべきは、初期投資には公的資金が必要であったことである。実際にその後は資本金、借入金など税金や財政投融資や交通債券による資金調達が行われたことで今日の東京の地下鉄網は発展した。

五島もきわめて先見の明があった。山手線の内側に強引に侵入して新橋駅で早川と衝突したが、いまや地下鉄と私鉄との相互直通運転があたりまえになっている。僕も地下鉄の利用客として、混雑した駅での乗り換えがいかにたいへんだったか、その記憶はずっと残っている。

横浜方面から東横線で都心に向かうと渋谷駅で銀座線や山手線に乗り換えなければならないが、中目黒駅で地下鉄日比谷線に乗り継ぎ六本木方面へ行くという〝近道〟ができた

図表㉜ 都営地下鉄とその他の鉄道の軌間（線路幅）

路線名		開業年	軌間	備　考
都営地下鉄	浅草線	1960	1,435 mm	京浜急行電鉄と相互直通運転を実施するため、軌間を合わせた。
	三田線	1968	1,067 mm	東武東上線及び東急池上線と相互直通運転を実施する予定であったため、軌間を合わせた。
	新宿線	1978	1,372 mm	京王電鉄と相互直通運転を実施するため、軌間を合わせた。
	大江戸線	1991	1,435 mm	相互直通運転を予定していなかったため、地下鉄に有利(車両の安定性がよい、モーターの小型化が可能等)な、1,435mmを採用した。

軌　間	主な鉄道事業者	
1,067mm	JR各社	在来線
	関東私鉄	東武、京王(井の頭線)、東急、西武、小田急
	関西私鉄	名鉄、近鉄(一部)、南海
	地下鉄	東京メトロ(銀座線、丸ノ内線以外)、仙台市営、名古屋市営 (鶴舞線、桜通線、上飯田線)、福岡市営 (空港線、箱崎線)
1,372mm	京王(井の頭線以外)、都電荒川線、東急世田谷線	
1,435mm	JR各社	新幹線
	関東私鉄	京急、京成
	関西私鉄	近鉄(一部除く)、阪急、阪神、京阪
	地下鉄	東京メトロ(銀座線、丸ノ内線)、横浜市営、名古屋市営(東山線、名城線、名港線)、京都市営、大阪市営、神戸市営、福岡市営(七隈線)

1,067mm：日本で最初に鉄道を敷設(新橋〜横浜間)した際に採用した規格。
1,372mm：東京の馬車鉄道が採用していた規格。その後、路面電車がその線路を利用したため、東京市電(のち都電)の規格にも採用された。
1,435mm：鉄道発祥のイギリスで採用された規格。欧米各国が採用しており、世界的に標準とされている。

ときに、そうだよな、うまい設計だな、と感心したものだ。いまでは同じホームで乗り換えどころか私鉄の始発駅から地下鉄で東京を横断ないしは縦断して反対側の郊外私鉄の始発駅まで、相互直通運転が実現していることがあたりまえだと思われている。だが一つ一つの路線が相互直通運転を開始したときの、その当初の感動を僕は忘れない。

相互直通運転という発想の源流を遡ると五島の欲望に辿り着く。五島がいなければ相互直通運転はなかったと思う。

電車の軌道の幅（軌間）は、新橋の「幻のホーム」と同じく、地下鉄の歴史が刻まれた地層がいまも露出している見本である。銀座線と丸ノ内線の軌間は一四三五ミリで新幹線と同じ標準軌だが、都営浅草線も一四三五ミリである。浅草線は開業時に相互直通運転をする京浜急行に軌間を合わせたのである。京成電鉄は浅草線・京浜急行と相互直通運転をするために全線にわたり一三七二ミリを一四三五ミリに切り替えた。

都電の軌道は一三七二ミリで、標準軌よりやや狭く、JR在来線よりやや広い。これは馬車鉄道や路面電車の名残りである。京王電鉄は戦前に路面電車からスタートしたので同じく一三七二ミリで、後発の都営新宿線は京王電鉄と相互直通運転することを前提に同じ軌間を採用した。以下、図表㉜をご覧いただきたい。

日本の都市鉄道は独特の歴史をもっている。誇ってもよいぐらいだ。都心へ向かう鉄道路線の整備が東京を発展させたと気づいた僕は一九八六年に『ミカドの肖像』を、一九八八年に『土地の神話』を書いた。

ロンドンでは一九世紀後半から二〇世紀にかけて、産業革命による都市の環境悪化に対して田園都市構想が生まれた。ロンドンとは別の場所に、ロンドンの衛星都市としてのニュータウンをつくり、工業・農業・商業を移転させようとした理想主義だった。

田園都市構想を日本で実現しようと考えたのが渋沢栄一の四男坊の渋沢秀雄だった。田園調布は、駅から放射状の道路と幾条もの大きさの異なる半円状の道路を同心円に重ねたエキゾティックな街並みで美しい。渋沢秀雄の理想主義の置き土産である。

しかし、住宅をつくっただけでは仕事ができない。そこから都心まで通わなくてはいけない。大正時代後半からサラリーマンという言葉ができ、彼らの時代が始まった。田園都市に鉄道を敷くために五島がスカウトされた。渋沢秀雄の理想と五島の野心が重なり合って東急電鉄が誕生し、その一部が早川のＤＮＡ（遺伝子）とも混合して現在の地下鉄が存在する。

東京メトロと都営地下鉄は一元化しなければいけない。最後の理想である。

終　章

勝鬨橋の向こうへ

僕は若いころに三島由紀夫の『鏡子の家』を読んだが、書き出しのシーンをいまも忘れない。「みんな欠伸をしていた」という冒頭の一行は、若い世代ならいつだって、どの時代だってそうだろう。愉快なできごとがそんな簡単に手に入るように転がっているわけではない。

退屈だけがテーマではない。そこから脱出しようとしたら行く手に立ちはだかる壁があるという閉塞感を、開閉式の勝鬨橋の場面で象徴的に示してみせたから忘れられないのである。

隅田川の東京湾口にいちばん近いところに勝鬨橋が架かっている。船舶が通過するとき動力によって勝鬨橋は開き、道路の通行は遮断される。おおげさに表現すれば、それは隅田川と太平洋の境界に架けられた「近代」の産物であった。都心の銀座からその東の築地までは、市街地から外部へ向かう境界の意味もあった。勝鬨橋の向こう側は、晴海や豊洲など人工的で幾何学的に区分けされた平坦な埋め立て地だったから。

「(勝鬨橋の)鉄板の中央部がむくむくとうごき出した。その部分が徐々に頭をもたげ、割れ目をひらいた。鉄板はせり上がって来、両側の鉄の欄干も、これにまたがっていた鉄のアーチも、鈍く灯った電燈を柱につけたまま、大まかせにせり上がった。(略)鉄板がいよいよ垂直になろうとするとき、その両脇や線路の凹みから、おびただしい土埃が、薄い煙を立てて走り落ちる。両脇の無数の鉄鋲の、ひとつひとつ帯びた小さな影が、だんだんにつづまって鉄鋲に接し、両側の欄干の影も、次第に角度をゆがめて動いて来る。そうして鉄板が全く垂直になったとき、影もまた静まった」

こうして「どこかあんまり人のいないところへ行こう」とした主人公たち「四人のゆくて」を塞いだのである。

『鏡子の家』は昭和三四年(一九五九年)の作品である。

山手線が環状運転を始めたのは大正一四年(一九二五年)であった。東京の人口は山手方面へと膨らんでいった。東京駅から神田、御茶ノ水・四ツ谷・新宿を経て立川・八王子へと西に向かう中央線沿線は新開地だった。五島慶太の東急電鉄や堤康次郎の西武鉄道をはじめ私鉄が田園地帯に鉄道を敷設し、東京の人口は爆発的に膨らみ始めた。それまで人影の薄かった山手線の渋谷駅、新宿駅や池袋駅は、私鉄と接続することでターミナルステーションとして大量の乗降客であふれかえった。

渋谷から地下鉄を掘り進んだ五島は、浅草から掘り進んだ早川と新橋駅で激突したが、そのころの東京の中心は新橋から銀座、日本橋、上野、浅草界隈であった。だから早川が始発駅を浅草駅とした発想は間違っていなかった。経済活動の中心であり、人口が最も密集していたエリアだった。

だが西の山手(やまのて)に対して、江戸時代から賑わいを見せた下町がしだいに勢いを失っていくのは、東側の川手(かわのて)に私鉄参入のビジネスモデルがなかったせいでもあった。山手線に対する川手線があれば違っていただろう。戦後も復興の過程で東京の人口はさらに急増したが、受け皿となったエリアは私鉄と結ぶ山手線の外側、団地と呼ばれた郊外のニュータウンであった。川手側にはこうした交通機関と接続しやすい人口吸収装置は少なかった。都営地下鉄が押上駅を起点に隅田川をくぐり、そこから銀座方向へ向きを変え、隅田川と平行して浅草〜蔵前〜浅草橋まで開業したのは『鏡子の家』が刊行された翌年であった。浅草線は押上駅で千葉方面の京成電鉄とつながったが、川手側のごく一部に過ぎない。

†「川手線」としての大江戸線

「どこかあんまり人のいないところ」だった川手側が突然、賑わいを見せるのはウォーターフロントという言葉に置き換えられた時期からであった。バブル経済が崩壊すると湾岸部にあった工場や倉庫の跡地に、四〇階建てや五〇階建ての超高層のマンションがつぎつぎと建設され始めた。地価が下落し、それまで通勤約一時間半のエリアでしか住宅が入手できなかった若いファミリー群が高層マンションに移動し始めたのである。勝鬨橋の「近代」は、レインボーブリッジという「現代」の影に隠れ、数多(あまた)の橋の一つとなった。

山手線は環状機能をもつことで郊外へ延びる私鉄と結び合い人口を吸収し、東京の中心を西へ移動させたが、現代では地下鉄を中心として少し東へ重心を移動させる、新しい川手線が求められることになった。

平成一二年（二〇〇〇年）の地下鉄大江戸線全線開業は、こうした時期に重なり合ったのである。

大江戸線は正確には環状線ではないが環状機能をもった路線であり、地下鉄の他路線とつぎつぎに接続している。数字の6の字型をしているが乗り継ぎ機能では山手線と同格だ。地下鉄との乗り継ぎを新宿の都庁前駅を起点に時計回りで説明すると、まず新宿西口駅で丸ノ内線と、東新宿駅で副都心線と、飯田橋駅で東西線・有楽町線・南北線と、春日駅で三田線・南北線（後楽園駅）と、本郷三丁目駅で丸ノ内線と、上野御徒町駅で銀座線

（上野広小路駅）・日比谷線（仲御徒町駅）、蔵前駅で浅草線、森下駅で新宿線、清澄白河駅で半蔵門線、門前仲町駅で東西線、月島駅で有楽町線、大門駅で浅草線、麻布十番駅で南北線、六本木駅で日比谷線、青山一丁目駅で半蔵門線・銀座線、新宿駅で新宿線、そして再び都庁前駅に着く。ここまで約一時間、山手線の一周とほぼ同じである。6の字なので都庁前から郊外へ向かい二〇分ほどで終点の光が丘駅に着く。途中、中野坂上駅で丸ノ内線と接続している。

勝鬨橋にほど近い大江戸線の勝どき駅は、いま通勤客で溢れ、混雑解消のためホームを設計変更し工事をしているところだ。開業当初に二万八〇〇〇人だった一日平均の乗降客は、約三倍の八万三〇〇〇人（〇九年度）に増えた。地上とホームを結ぶ長いエスカレータは二カ所に、それぞれ昇降用に二基ずつ設置されているが、午前七時になると一カ所のエスカレータは二基とも「昇り専用」に、もう一カ所のエスカレータは「降り専用」に変えられる。ホームが乗降客で一杯になり、降車客がエスカレータに乗り切っていないうちにつぎの電車が到着してしまうので、ホームでぶつかり合わないために一方通行にせざるを得なかった。

大江戸線の多くの駅では両方向の線路に挟まれるかたちでホームがつくられている。島

図表㉝　路線別乗車人員の推移（1日平均）

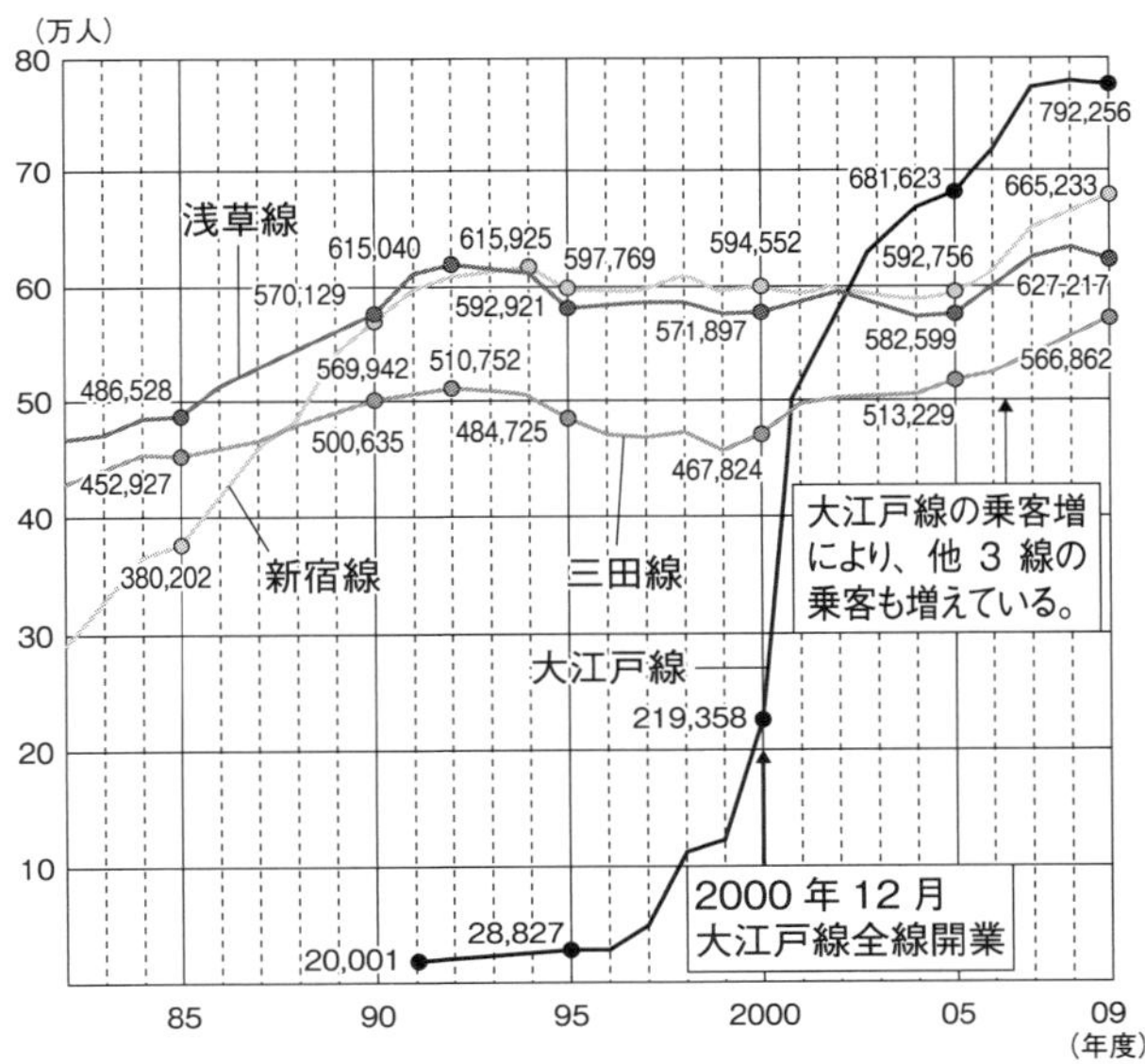

式と呼ばれる。逆に線路を挟むかたちでホームが二面つくられているのを相対式と呼ぶが、勝どき駅では現在の島式ホームに加えてもう一本のホームをつくり、変則の相対式にしてホームのスペースを増やす工事をしている。それまでは誘導の警備員を八人配置し、出口専用エスカレータを分速三〇メートルから四〇メートルにするなどの対策を講じるしかない。

図表㉝をご覧いただきたい。都営四路線の乗客数の変化である。大江戸線は全線開業直後から乗客数が急カーヴで上昇している。それにつられるように浅草線、新宿線、三田線も乗客数が増加している。環状機能をもった川手線としての大江戸線が、全体の乗客数を押し上げた。

ここに東京メトロの九路線がシームレスにつながれば、地下鉄全体の乗客数が増え、かつ混雑率が平準化される可能性がある。つまり初乗り運賃の二重払いがなく、九段下駅に象徴される互いを隔てる壁が消えれば、利用者にとってより快適な地下鉄が生まれる。

†東京の地下鉄だけが一元化できていない

ニューヨークの地下鉄は、民営二社と市営一社があったが、いまは統合されて一つである。ロンドンの地下鉄はかつては六社あったが、いまは運営が一元化されている。パリの地下鉄は市の公社が一元的に運営している（郊外急行線との相互直通の一部に国鉄が関与）。一元化はあたりまえの話なのだ。東京の地下鉄だけが一元化できていない。

国土交通省と東京メトロは、利用者の立場で考えていない。公共性よりも既得権益を優先している。二つの地下鉄をシームレスにできなくて、バス路線や他の交通機関との一体的、有機的なネットワークがどうしてできようか。都心の地下鉄は首都圏のネットワークの扇の要である。

九段下のホームの壁の撤去は、これまでの話し合いの結果、いま解決に近づいている。乗り継ぎの手間はいくらかこれで改善される。いくらか、である。運賃体系の一元化には経営の統合が前提である。経営主体が別々のままサービスの一元化を先にやればよいじゃないか、という主張は詭弁なのだ。経営の一元化を提起したからこそ九段下の壁の撤去ができそうなのであり、経営統合の話し合い抜きにサービスの一元化が可能なら、とうの昔に九段下の壁は撤去されていたはずである。

僕の仕事場の近くに日本赤十字社医療センターがある。ふつう大病院にはさまざまな科目があり、あっちの検査のつぎはこっちの検査と廊下をうろうろするところだが、カラーで色分けした誘導ラインを踏んで行けば自然に目的地まで辿り着くので感心した。パリの地下鉄も、日赤病院と同じぐらいわかりやすい。コンコースにカラーの誘導ラインがあり、初めて乗る外国人観光客にもウェルカム、いやボンジュールか。わかりやすい。

いま僕の前に横たわっているのは、霞が関の官僚機構の退屈で無神経な壁である。時代の閉塞を突き破るために、地下鉄の一元化ぐらいできないでいったいこの先、なにができるというのだろうか。

あとがき

東京の地下鉄は世界一である。一日の輸送人員数だけではない。超満員の電車を寸分違わず時刻表通りに運転する能力においてもまた世界一なのである。

日本人は細部における工夫に独特の能力を発揮するが、大きな方向チェンジは苦手だ。不決断をよしとする傾向がある。巨大組織がいったん決めてしまったことを個人では動かせない、という諦念に取り憑かれてしまうのだろう。毎日、通勤で利用している地下鉄が二つの事業体によって経営され、その結果、不便を強いられているなら直せばよい。

本書はタイトルの通り「地下鉄は誰のものか」を問うている。公共財は利用者のために税金を投入し、利用者が運賃を支払うことで運営される。それなら利用者を第一に考えるのは当然ではないのか。「過去」の経緯が「現在」を拘束しているのであれば新しく「未来」を構築すればよいのだ。

僕は『ミカドの肖像』『土地の神話』を著し、東京の発展がインフラ形成と一体であった事実を説いた。本書に、かつて記したことも再び書き込んだのはそのためである。

樫谷隆夫・公認会計士（元日本公認会計士協会常務理事）、冨山和彦・経営共創基盤代表取

締役ＣＥＯ（元産業再生機構代表取締役専務兼ＣＯＯ）をはじめ、「東京の地下鉄を考える懇談会」の諸先生方に知見を賜ったこと、また都庁都市整備局・交通局・財務局・知事本局による地下鉄一元化プロジェクトチーム諸兄の労苦にも感謝の意を表したい。

ちくま新書編集部・松田健氏の熱心な働きかけがなければ本書は成らず、地下鉄利用者にも届けられなかった。ありがとう。

二〇一一年初春　　西麻布の寓居にて　猪瀬直樹

追記　ソフトバンクの孫正義さんが、「地下鉄でもメールなどできるように携帯のアンテナ工事（工事費当方負担）を許可していただきたい」と東京メトロや公営地下鉄に働きかけていることをツイッターで知ったのは二〇一一年（平成二三年）一月一五日夜だった。「地下鉄一元化を進めています。提案を詳しく知りたい」と伝えたところ、すぐにＲＴ（リツイート）してきたので「お時間ありましたらお会いしたい。具体的なアポ日程はＤＭ（ダイレクトメッセージ）でどうでしょうか」とツイートした。夜二二時一三分である。「流石、素早い対応ありがとうございます」と打ち返しがあったのが二二時二四分。その後、ＤＭで双方の時間調整の結果、「有難うございます。木曜日（二〇日）の午後三時に伺います」とＤＭに返事が来たのが〇時三四分だった。直後に、孫さんは「猪瀬副知事と来週のアポ確定！　行ってきます」と公表した。

一月二〇日に孫さんとお会いした。僕は「都営地下鉄はウェルカムです。腰の重い東京メトロの側にも提案し、利用者のための地下鉄一元化に向けてサービスの改善に努めたい」と答え、意気投合した。

東京都高速電車事業会計貸借対照表及びIFRS公正価値を反映して試算した財政状態計算書（2010年３月31日）

（単位：百万円）

	科　目	現行の貸借対照表	再評価後
借方	非流動資産	1,633,494	1,086,975
	有形固定資産	1,605,942	1,059,423
	無形固定資産	6,596	6,596
	建設仮勘定	4,141	4,141
	投資	16,815	16,815
	株式	3,566	3,566
	債権	13,204	13,204
	その他投資	45	45
	流動資産	130,128	130,128
	現預金	110,506	110,506
	貯蔵品	1,690	1,690
	未収金	13,695	13,695
	その他流動資産	4,236	4,236
	資　産　合　計	1,763,621	1,217,102

	科　目	現行の貸借対照表	再評価後
貸方	非流動負債	588,559	1,114,668
	特例債（※）	25,555	25,555
	一般会計長期借入金（※）	155,000	152,834
	他会計長期借入金（※）	90,000	76,648
	割賦未払金（有利子部分）（※）	83,717	83,717
	割賦未払金（無利子部分）（※）	208,000	147,501
	退職給与引当金	26,287	26,287
	借入資本金（企業債）（※）		555,719
	繰延税金負債（土地再評価）		16,000
	繰延税金負債（債務評価益）		30,407
	流動負債	75,319	75,319
	一時借入金	0	0
	未払金	62,558	62,558
	その他流動負債	12,761	12,761
	負　債　合　計	663,878	1,189,987
	資本金	944,168	388,449
	自己資本金	388,449	388,449
	一般会計出資金	388,449	388,449
	借入資本金（企業債）（※）	555,719	
	資本剰余金	586,519	0
	国庫補助金	269,305	
	一般会計補助金	287,232	
	その他資本剰余金	29,982	
	利益剰余金（△欠損金）	△430,944	△430,944
	当年度未処理欠損金	△430,944	△430,944
	前年度繰越	△443,298	△443,298
	当年度純損益	12,355	12,355
	その他の資本の構成要素		69,610
	土地再評価差額金		24,000
	債務評価益		45,610
	資　本　合　計	1,099,743	27,115
	負　債・資　本　合　計	1,763,621	1,217,102
	長期債務合計	1,117,991	1,088,381

（註１）借方、貸方とも左列の金額が現行公営企業会計での金額、右列の金額が今回ＩＦＲＳにより再評価した金額を示す。

（註２）単位未満端数未調整

（註３）※の科目は長期債務に該当

（註４）今回の試算はIFRSに基いて行ったが、現時点で算定が困難な科目等については一部日本基準で作成している。

これにより、全てをIFRSで作成した場合とは金額が異なる科目がある。

ただし、これらの科目は、退職給付引当金を除き、100億円（＝資産合計1.8兆円の0.6%）以下の科目であり、影響は僅少であると考えられる。

巻末付録 都営地下鉄の財務状況

国際会計基準（IFRS）公正価値を反映した試算でも、都営地下鉄の財務状況はポジティブである。

○公営企業会計は、企業会計と異なるため、今回は2015年または2016年3月期から、一定範囲の企業に対し、強制適用が見込まれる国際会計基準（IFRS）に基づいて、都営地下鉄の「財政状態計算書」の試算を行った。

○今回の試算に当たり、資本剰余金及び借入資本金は民間企業の会計基準に準拠した整理を行い、土地及び無利子負債については公正価値を用いて再評価した。

①補助金での固定資産取得に伴う圧縮記帳に当たる処理として、便宜上、貸方から資本剰余金の全額、借方の有形固定資産から資本剰余金と同額を控除

②民間企業会計では、非流動負債に該当する借入資本金を負債に計上

③簿価と路線価との比較による土地の再評価を反映

④無利子負債の時価評価（ディスカウント）による債務評価益を反映

※IFRSでは、貸借対照表に当たる財務諸表を「財政状態計算書」という。

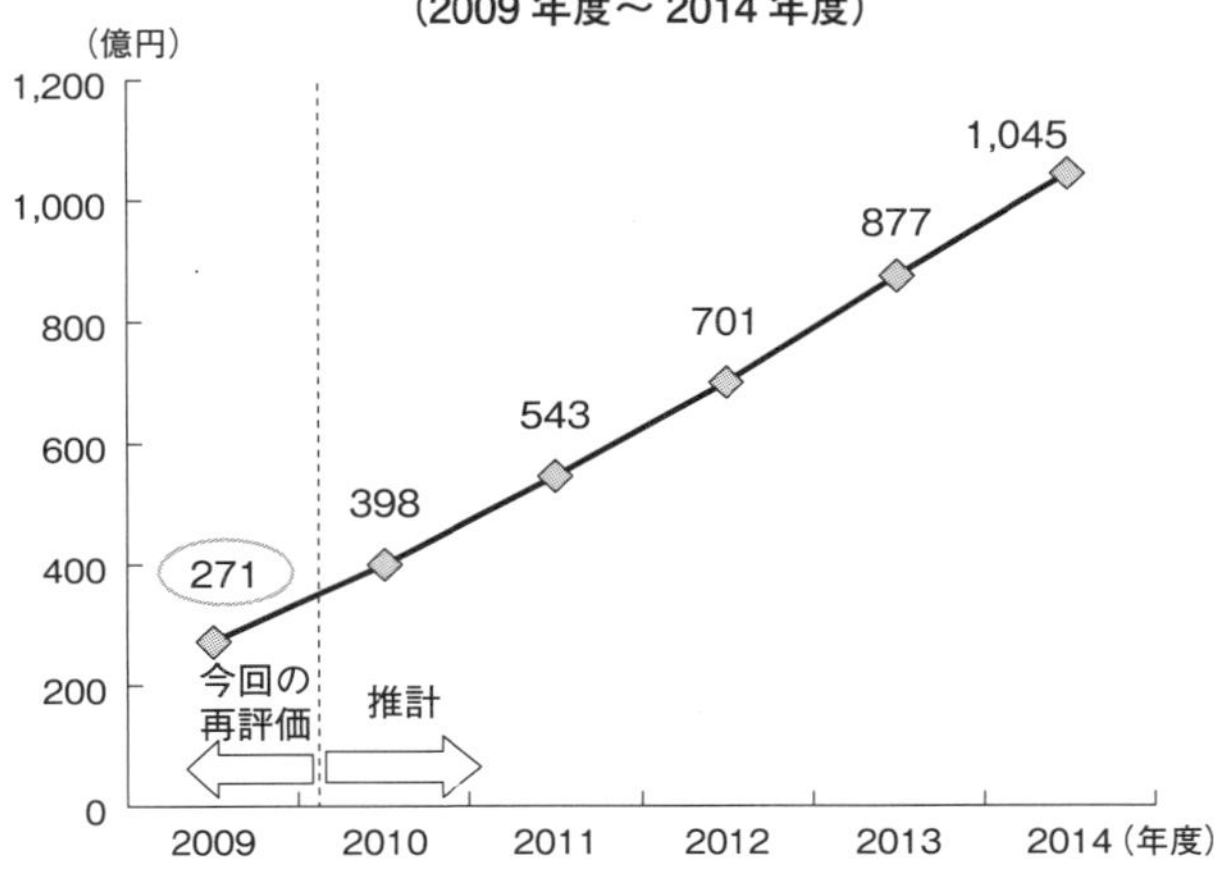

ちくま新書
891

地下鉄(ちかてつ)は誰(だれ)のものか

二〇一一年二月一〇日　第一刷発行

著者　猪瀬直樹（いのせ・なおき）

発行者　菊池明郎

発行所　株式会社　筑摩書房
東京都台東区蔵前二-五-三　郵便番号一一一-八七五五
振替〇〇一六〇-八-四一二三

装幀者　間村俊一

印刷・製本　三松堂印刷　株式会社

乱丁・落丁本の場合は、左記宛にご送付下さい。
送料小社負担でお取り替えいたします。
ご注文・お問い合わせも左記へお願いいたします。
〒三三一-八五〇七　さいたま市北区櫛引町二-六〇四
筑摩書房サービスセンター
電話〇四八-六五一-〇〇五三

ISBN978-4-480-06596-4 C0265

ちくま新書

803 検察の正義　郷原信郎

政治資金問題、被害者・遺族との関係、裁判員制度、検察審査会議決による起訴強制などで大きく揺れ動く検察の正義を問い直す。異色の検察OBによる渾身の書。

536 社会保障を問いなおす　——年金・医療・少子化対策　中垣陽子

少子高齢化が進むわが国で、「破綻せず」「皆が納得できる」社会保障制度を構築するにはどうしたらいいのか。具体的なビジョンを示し、制度の全体像を描き出す。

855 年金は本当にもらえるのか？　鈴木亘

本当に年金は破綻しないのか？　政治家や官僚は難解な用語や粉飾決算によって国民を騙し、その真実を教えてはくれない。様々な年金の疑問に一問一答で解説する。

396 組織戦略の考え方　——企業経営の健全性のために　沼上幹

組織を腐らせてしまわぬため、主体的に思考し実践しよう！　組織設計の基本から腐敗への対処法まで「これウチの会社！」と誰もが嘆くケース満載の組織戦略入門。

842 組織力　——宿す、紡ぐ、磨く、繋ぐ　高橋伸夫

経営の難局を打開するためには〈組織力〉を宿し、紡ぎ、磨き、繋ぐことが必要だ。新入社員から役員まで、組織人なら知っておいて損はない組織論の世界。

851 競争の作法　——いかに働き、投資するか　齊藤誠

なぜ経済成長が幸福に結びつかないのか？　標準的な経済学の考え方にもとづき、確かな手触りのある幸福を築く道筋を考える。まったく新しい「市場主義宣言」の書。

875 ダメになる会社　——企業はなぜ転落するのか？　高橋伸夫

会社を良くしたいのなら、「まともな人間」を経営者に選ぶことが大切だ。では、その条件とは？　資本主義の歴史の中で現代を考え、御社のあるべき姿を考える経営論。

ちくま新書

857 日本経済のウソ　髙橋洋一
円高、デフレ、雇用崩壊――日本経済の沈下が止まらない。この不況の時代をどう見通すか？　大恐慌から現代まで、不況の原因を検証し、日本経済の真実を明かす！

846 日本のナショナリズム　松本健一
戦前日本のナショナリズムはどこで道を誤ったのか。なぜ東アジアは今も一つになれないのか。近代の精神史の中に、国家間の軋轢を乗り越える思想の可能性を探る。

613 思想としての全共闘世代　小阪修平
あの興奮は一体何だったのか？　全共闘世代が定年を迎える。戦後最大の勢力を誇り、時代を常にリードしてきたこの世代の思想的・精神的な、文字どおりの総括。

766 現代語訳 学問のすすめ　福澤諭吉　齋藤孝訳
諭吉がすすめる「学問」とは？　世のために動くことで自分自身も充実する生き方を示し、激動の明治時代を導いた大ベストセラーから、今すべきことが見えてくる。

827 現代語訳 論語と算盤　渋沢栄一　守屋淳訳
資本主義の本質を見抜き、日本実業界の礎となった渋沢栄一。経営・労働・人材育成など、利潤と道徳を調和させる経営哲学には、今なすべき指針がつまっている。

859 倭人伝を読みなおす　森浩一
開けた都市、文字の使用、大陸の情勢に機敏に反応する外交。――古代史の一級資料「倭人伝」を正確に読みとき、当時の活気あふれる倭の姿を浮き彫りにする。

858 愛と憎しみの新宿――半径一キロの日本近代史　平井玄
六〇年代の新宿。そこは伝説的なジャズ・バーや映画館がひしめく文化工場だった。濁愛、陰謀、阿鼻叫喚が混淆し、戦後日本の闇鍋を形作った都市を描く地下文化史。